발상의 전환과
창의적 사고를 위한

디자인 싱킹과 창의공학

4차 산업 혁명에
준비된
인재 양성 프로젝트

교육의 길잡이, 학생의 동반자
(주)교학사

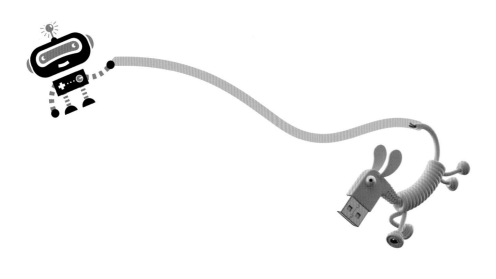

들어가는 글

가르치는 사람.
선생님이든, 학부모님이든, 혹은 일반인이든,
가르치는 사람은 교육을 하는 사람입니다.
또한, 교육에 관심을 가지는 사람입니다.

가르치는 사람은 미래의 인재로 자라나고 있는 학생들의 미래에 관심이 있고,
그들과 하루하루 생활하면서 성장과 발달을 돕는 자입니다.
그러기에 미래는
가르치는 사람들에게 아름다운 청사진을 보여 주기도 하고,
설레는 첫 데이트 같기도 하지만,
동시에 불안과 두려움의 존재이기도 합니다.

무엇이든지 확실히 알아서 "이렇게 해."라고 하고 싶을 때가 많이 있습니다.
하지만 미래는 불확실하고, 점점 더 빠르게 변화하고 있으니
학생들에게 알려 주기 어려울 때가 점점 더 많아질 것입니다.

이 책은 그런 고민과 생각을 하고 계신 분들에게 다가가는 책이고 싶습니다.
어쩌면 여러분들이 자라날 때에는 경험하지 못한 것들이
현재는 너무 많이 있을 수 있습니다.
어쩌면 생각도 하지 못했던 현상들과 상황들이
여기저기에서 벌어지고 있는지도 모릅니다.

이제는 가르치는 사람을 넘어서 '함께 성장하는 사람"이 되어야 하는 것 같습니다.
미래에 펼쳐질 하루하루는
우리 모두에게 새로운 날이니까요.

소개하는 글

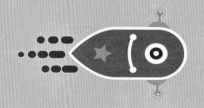

　이 책은 교육 현장에서 시행하는 프로젝트 학습에서 디자인 싱킹과 창의 공학을 실현하도록 지원하는 책입니다. 4차 산업 혁명은 우리 학생들에게는 먼 이야기가 아닙니다. 모든 것은 컴퓨터와 연결되고, 로봇이나 인공 지능은 친숙한 단어들이 되고 있습니다. 로봇이나 인공 지능은 레고(LEGO)가 아니라서 학생들이 그저 사고 놀이나 그 활용에 익숙해지면 되는 것이 아닙니다. 스스로 생각하고, 알아내고, 고민하고, 만들고, 그것을 인류를 위해 활용하는 인재들이 되어야 합니다. 이 책은 그런 과정을 지원합니다.

　1장은 미래를 바꾸는 융합, 즉 디자인 싱킹과 창의 공학에 대한 오리엔테이션을 위해 구성되었습니다. '지금과 다른 미래, 어제와 같은 교육'을 통해 문제의식을 일으키고, 현재 자라고 있는 학생들이 얼마나 잠재력을 많이 가지고 있는지, 그래서 그 학생들과 어떻게 공부해야 하는지에 대한 기초적인 이야기를 하였습니다.

　2장에서 5장까지는 디자인 싱킹의 과정, 즉 '상상하다, 생각하다, 만들다, 그리고 나누다'를 이야기하였습니다. 2장의 '상상하다'는 우리 모두에게 흥미로운 일이기도 하고, 부담스러운 일이기도 합니다. 그래서 '상상'이 결코 완전한 새로움이 아님을 알렸습니다. 모방과 다름, 불편함에서 새로움이 나올 수 있음을 이야기하였고, 그를 통해 창의성을 가르칠 수 있음을 이야기하였습니다. 3장에서는 상상에 기초하여 펼쳐지는 '생각'에 대해 이야기하였습니다. 디자인 싱킹의 필요조건들과 과정들을 상세히 안내하였고 사례를 들어 보았습니다. 4장에서는 '메이커', 즉 만들기를 다루었습니다. 학생들의 만들기를 어떻게 지도해야 하는지, 어떤 위험 요소가 있고 어떻게 그것들을 다룰 수 있는지를 이야기하였습니다. 5장은 '나누다'입니다. 평가를 위한 것이 아니라, 스스로 경험을 누적시키고 타인에게 자신의 경험과 성취를 전달할 수 있는 다양한 방법들을 소개하여 교육 현장에서 쉽게 활용할 수 있습니다.

　6장에서는 프로젝트 수업 또한 가르치는 사람들이 익숙해지고 난 후에 '개발'할 수 있음을 이야기하였습니다. 7장은 실제입니다. 활동별로 만드는 과정들이 소개되어 있습니다. 이 책에 실린 제한된 수의 활동이 여러분들이 지도할 활동의 전부는 아닙니다. 가장 기초적이면서 학생들의 공학적 관심을 끌어 낼 최적의 활동들로 구성되었다고 보시면 좋습니다. 가르치는 사람도, 우리 학생들도, 익숙해지고 나면 어떤 재료로든 확장 활동을 할 수 있습니다.

　교육 현장에서 즐거운 학습이 이루어지기를 바라는 마음이 가득합니다. 왜냐하면 저자들 역시 이 과정을 통해 너무나 큰 행복을 알게 되었기 때문입니다.

차례

1

미래를 바꾸는 융합, 디자인 싱킹 X 창의 공학

지금과 다른 미래, 어제와 같은 교육

우리는 어제를 살았듯 오늘을 살고 있고 미래를 살아갈 것입니다. 오늘은 어제와 다르고, 내일도 어제나 오늘과는 다를 것입니다. 그래도 인간은 살아왔고 적응해 왔지요. "우리 집에 유선 전화 없어."라고 말하는 친구가 하나도 이상하지 않은 시대에 살고 있고, 전자레인지에 돌리면 먹을 만한 밥이 되는 즉석 식품에 익숙해져 살고 있습니다.

혼족, 혼밥 등 도대체 알 수도 없었던 단어들을 이야기하며 살고 있고, 길에서 이어폰이나 블루투스를 끼고 통화하는, 그래서 마치 혼자 중얼거리며 걷는 것처럼 보이는 사람들도 이제 눈에 낯설지 않습니다. 언제 변했는지도 모르게 잘 적응해 살고 있지요. **그런데 왜 우리가 미래에 대해 이렇게 이야기해야 하는 것일까요?**

한글을 이제 막 떼기 시작한 아이들도 2G 핸드폰을 주면 싫어합니다. 탭을 들여다보고 스스로 조작까지 하는 원숭이 동영상도 어렵지 않게 볼 수 있습니다. 자동차에 자동화 기기가 도입된 지 얼마나 되었다고 지금은 운전자 없는 자동차들이 시운전을 하고 있습니다. 우체부 아저씨라는 노래를 배우던 우리는 이제 드론이 배달해 주는 것들을 받게 생겼지요. 엄청난 속도로 빠르게 변화하고 있습니다.

어차피 그럴 것인데 지금 왜 우리가 미래에 대해 이야기하고 미래를 준비해야 한다고 할까요?

> ❝
> ## 문제는 속도입니다.
> ❞

변화의 속도가 빠르기 때문입니다. 그런데 우리 아이들은 교실에서 자고 있습니다. 그저 그렇게 그들의 하루가 그리 흘러가는 것을 막을 수 없어 그냥 두고 있는 모습이지요. 여전히 교실에서는 영어 단어를 외우고 수학 문제를 반복적으로 풀고 있습니다.

다른 나라 학생들은 미래를 읽어 주는 교사들과 교육 정책가들 덕분에 유아기에서부터 개인용 노트북을 가지고 수업을 받고 있고 디자인 싱킹을 습관적으로 하고 있지만, 우리나라 아이들은 여전히 학원에서 방과 후를 보내고 있고 얼마 되지 않는 쉬는 시간에는 스마트폰 게임을 하느라고 정신이 없습니다. 이건 좀 곤란합니다.

알파고와 이세돌의 바둑 경기가 온 나라를 흔들 때 잠시 인공 지능(Artificial Intelligence)에 관심을 가졌을 뿐이지 하루하루 살기 바쁘고 하루하루 교육하기 바쁘니 우리는 그냥 그렇게 교육하고 있습니다. 지금과 다른 미래라지만 뭐가 그리 변하겠냐는 마음도 있고, 하루하루 지내기 바쁘니 어제와 같은 방식으로 교육하고 있습니다. 그러나 마음 저 구석에서는 "이게 맞나?"라는 의구심이 살짝 들기도 합니다. 아이들의 미래를 이렇게 준비하라고 누군가가 정확히 알려 주었으면 좋겠는데, 가이드가 될 만한 것을 아직 찾지 못해서 마음만 답답했을 수 있습니다.

미래는 도대체 어떻게 변한다는 걸까요?

우리가 아는 많은 직업들이 없어진다고 합니다. 인공 지능의 발달이 하루하루가 다르게 이루어지고 있다고 하고, '4차 산업 혁명, 위기인가, 기회인가?'라는 방송이 방영되기도 하였습니다. 하지만 개인의 생활에 영향을 미치는 것은 드론으로 촬영한 다큐멘터리를 보고 놀라고, 사람과 같은 감정을 표현하는 로봇에 관한 뉴스를 보면서 '거, 참 신기하네.' 하고, VR 체험을 하러 전시장에 가는 정도이지요.

어느 날 아이들이 "진짜 직업이 변해요?"라고 물으면 어떻게 답하시겠어요? "그래도 언젠가는 로봇이 사람의 감정을 가지게 되지 않을까요?"라고 하면 어떻게 답할까요? "아니, 절대로 그런 일은 일어나지 않아."라고 답할 수 있을까요? "왜 외우는 공부를 해야 해요? 전 만드는 게 좋아요!"라는 학생에게 "만드는 걸로는 먹고살 수 없어."라고 자신 있게 말할 수 있을까요?

성인은 본질적으로 아이들의 미래를 준비해 주는 사람인데 어떻게 해야 할까요? 로봇을 가르쳐야 하나요? 코딩을 가르쳐야 하나요?

오늘의 아이들을 어제의 방식으로 가르친다면
그들의 미래를 훔치는 것이다.

– 존 듀이(John Dewey) –

듀이가 이야기했지요. 오늘의 아이들을 어제의 방식으로 가르치는 것은 그들의 미래를 망치는 것이라고요. 그 옛날에 말이죠. 그러나 지금의 교육 현장에도 경고가 되는 말입니다. 적어도 아이들의 미래를 훔치거나 망가뜨려서는 안 될 테니까요.

어떻게 할까요?
어떻게 하면 될까요?
어떻게 하면 미래의 아이들이 유능하게 될까요?
어떻게 하면 아이들의 미래를 온전히 준비시켜 줄 수 있을까요?

인공 지능 로봇 왓슨의 암 진단 정확률이 82.6%이다. 이런 보고에 대해 의사들은 앞으로 진단은 인공 지능이 하고 의사들은 통합적 연구를 해야 한다고 말하고 있다. 수십 가지의 당뇨병 치료제 중 환자의 평소 상태에 딱 맞게 바로 처방을 하는 것도 인공 지능이다. 그래서 일부 의사들은 앞으로의 의사 역할을 환자와의 정서적 교감으로 잡고 있다.

― 조선일보, 2017. 4. 18. ―

이런 상황에 아이들에게 좀 더 많은 정보를 보다 빠르게 외우게 하는 것이 필요할까요? 보다 정확하게 기억하도록 하는 것이 필요할까요? 코딩이나 프로그래밍을 가르치면 될까요? 아닙니다.

미래에 필요한 능력은 '인간이기에 가능한 능력'입니다.

만약 매일 인간 세상에서 일어나는 사건들이 일정하고 동일하다면 그에 대한 해결은 인공 지능이 훨씬 잘할 것입니다. 수많은 데이터에 근거해서 빠르게 분석하고, 최적의 해결 방법을 내놓을 것임에 틀림없기 때문이지요.

그러나 인간 세상에서 일어나는 사건들은 독특하고 변이가 많습니다. 오늘 여러분들이 겪고 있는 일들을 생각해 보세요. 어제 그 일을 상상이나 해 보았나요? 생각하지도 못한 일을 경험하는 날들이 많습니다. 생각하는 인간, 즉 호모 사피엔스는 발생한 문제가 무엇인지 분석하고, 그에 대해 해결책을 창의적으로 생각해 내고, 실제로 창의적으로 해결하는 존재입니다.

그렇다면 학생들에게 이러한 창의성을 어떻게 교육해야 할까요? 창의성이라는 것이 교육이 가능하기는 한 걸까요? 교사이고 학부모인 여러분은 어떻게 해야 하고, 학교 및 교육 기관은 어떻게 해야 할까요? 입시에 대한 부담을 줄이면 되는 것일까요? 꼬리에 꼬리를 무는 질문들이 생깁니다. 교육학자 켄 로빈슨(Ken Robinson)은 '학교가 창의성을 죽인다(School kills creativity).'라는 말까지 하였지요. 그건 무슨 말일까요? 살짝 언짢아지는 말일 수 있습니다.

> 글자와 성적을 사용하는 평가 시스템의 문제점은 학생들의 성과를 설명하기에는 부족하다. 학생들은 종종 학습 내용에 대해 제대로 이해하지 못했으면서 시험 때문에 그저 외우게 되는 상황도 만난다. 교사는 학생들에게 왜 그런 점수를 주는지 깨닫지 못한 채 점수를 매기기도 한다.
> 유명한 교육자 엘리엇 아이즈너(Elliot Eisner)가 말했듯이, "중요하지 않은 모든 것이 측정 가능하며, 측정 가능한 모든 것이 중요하지는 않다."

학교에서 학생들이 형식적이고 표준화된 교육 내용들을 배우고 있음을 경고하고 있고, 더구나 비교를 통해 평가하고 있음에 대해 경고하고 있습니다. 그러한 평가가 결과적으로 학생들의 창의성을 죽인다는 경고입니다. 세계 여러 나라의 학교들이 '미래 인재를 키우는 역할'에 집중하기 위해 변화하는 중에도 로빈슨의 경고는 이어지고 있습니다. 그리고 그 경고들은 대한민국에서 자라고 있는 아이들에게 관심을 가진 우리 모두에게 감동을 주고 있지요.

그래서일까요? 최근 교육 선진국들을 중심으로 많은 나라에서 많은 학교들이 이러한 고민을 하면서 교육의 변화를 추구하고 있습니다. 어떻게 하면 창의적으로 자라도록 할까? 어떻게 하면 자신만의 독특한 강점을 가지고 신나게 미래를 살아가도록 할 수 있을까? 많은 연구들이 이루어지고 많은 교육적 실험들이 행해졌습니다. 그러면서 점차 창의성 교육에 집중하게 되었고, 그 중에서 특히 생각하는 힘, 바로 디자인 싱킹에 집중하게 되었습니다.

" Design Thinking "

우선 디자인 싱킹을 살펴봅시다. 디자인 싱킹의 대표 주자라고 할 수 있는 스탠포드 대학교 'd-school'은 "모든 인간은 창의적이다."라고 강조합니다. 인간 세상에서 벌어지는 복합적이고 변이적인 문제들을 해결하기 위해서는 반드시 디자인 싱킹 과정을 거쳐야 한다고 전합니다.

이는 최근 국내에도 이슈가 되고 있습니다. 미래과학창조부(현 과학기술정보통신부)는 2016년에 직원들에게 디자인 싱킹 교육을 시행하였고, 각 대학교에서도 디자인 싱킹 과정을 열었으며, 현재 교육부 등에서도 디자인 싱킹과 관련된 연구들을 진행하고 있습니다. 실은 4차 산업 혁명에 대해 준비가 안 되어 있다는 자성의 목소리도 한몫하고 있습니다.

> 한국은 4차 산업 혁명 낙오자… 뼈 깎는 캐치업 전략이 돌파구
>
> – 매일경제, 2017. 3. 26. –

2015년 경제협력개발기구(OECD) 소속 국가들을 대상으로 한 '4차 산업 혁명 기반 기술 이용 가능성 조사'에서 한국은 10점 만점에 5.6점을 받아 전체 평균 5.9점에도 못 미쳤다고 합니다. 그러나 자라나는 학생들을 대상으로 하는 디자인 싱킹 교육은 쉽게 찾아보기 어렵습니다. 무엇보다 디자인 싱킹이 미래 사회에서 살아가기 위해 필요한 역량임에도 불구하고 말입니다. 보다 어린 시기부터 생각하는 힘을 기른 아이들은 그렇지 않은 아이들과는 다른 결과를 낼 수밖에 없습니다. 지금 이 순간 아이들에게 "외워라!", "생각하지 말고 배우는 것을 그대로 받아들여라!"라고 가르치는 교사가 있다면 시대에 맞지 않은 모습입니다.

그러면 '코딩 교육을 하면 될까?'하고 생각하실 수 있습니다. 그래서 학교에 코딩 교육이 많이 들어가 있습니다. **"코딩만 배우지 마세요. 코딩 열풍 속 회의론도 제기"**(조선비즈, 2017. 5. 28.) 기사에서는 코딩 자체는 단순한 작업이라고 이야기합니다. 코딩 작업을 배우기 전에 먼저 생각하는 방법을 배워야 한다는 지적입니다.

공학도 마찬가지입니다. 인간은 본래 만들기를 좋아하는 본능이 있고 인간의 사고는 만드는 과정에서 성숙되고 완성되어 진다고 합니다. 이리저리 모형을 만들다 보면 생각했던 것이 실제로 가능한지 체크할 수도 있고, 그런 경험이 누적되면서 문제 해결력은 구체적으로 신장될 수 있기 때문이겠지요.

창의적인 사고와 창의적인 실행 능력을 갖춘 아이들은 단순히 반복적으로 주어진 문제를 풀고 주어진 내용을 암기하는 아이들과는, 몇 년 뒤부터 격차가 벌어지게 됩니다. 지금 성인인 내가 학생들을 어떻게 대하고 있고 어떻게 가르치고 있느냐가 그에 영향을 미칩니다.

그러니 창의적 문제 해결 능력을 가지고 어느 시대, 어느 상황에서나 유능하게 살아갈 아이들을 기대하며 교육의 재미에 빠져 봅시다.

2. 테슬라를 간직한 학생들

- 무선 기술이 완벽하게 적용되면 온 세상이 거대한 뇌로 변할 것이다.
- 수천 킬로미터나 떨어져 있어도 텔레비전과 전화기를 통해 바로 앞에 있는 것처럼 서로를 보고 이야기하게 될 것이다. 그리고 이런 기능을 하는 장치는 지금의 전화기와 비교하면 놀라울 만큼 간단해서 호주머니에 넣고 다닐 수도 있을 것이다.
- 사람들이 타지 않는 비행기들이 하늘에 떠다니며, 무선으로 조종하여 많은 일들을 하게 될 것이다.

맨 처음 나온 문장은 마치 인공 지능(Artificial Intelligence)에 대해 이야기하고 있는 것 같지요? 그리고 두 번째 문장은 스마트폰(Smart Phone)을 이야기하는 것 같고, 마지막 문장은 드론(Drone)을 이야기하는 것 같습니다.

누가 언제 이야기한 것일까요? 놀랍게도 이 말들은 니콜라 테슬라(Nikola Tesla, 1856~1943)가 한 말입니다. 크로아티아의 작은 시골 마을에서 태어난 테슬라는 에디슨과 쌍벽을 이룬, 혹은 에디슨보다 더 천재적인 사람이었다고 이야기됩니다. 그 옛날 테슬라는 이미 우리의 세상이 어떻게 변할 지를 내다보았고, 많은 발명품들을 발명한 사람이기도 합니다. 위에 적힌 말들을 보면 테슬라가 얼마나 놀라운 사람이었는지 알 수 있지요.

● 니콜라 테슬라

테슬라가 한 말에서 우리는 발명에 대해 정확한 것을 알게 됩니다.

일단 아무 성과 없이 여러 모로 애쓰다가 아이디어 하나를 얻지요. 오랫동안 그것을 철저히 살펴 내가 아는 모든 기정사실과 일치한다는 것을 알아차립니다. 즉, 내가 가능하다고 판단할 수 있을 때까지 그렇게 하는 것입니다.

다음으로는 그 아이디어를 실행에 옮기는 데 극복해야 할 어려움을 검토하면서 그것들이 이겨내기 어렵지 않다는 것, 그래서 실행에 옮길 수 있다는 것을 알아차리지요. 그리고는 그것을 실행할 수단을 찾고 꼼꼼히 분석해서 내 아이디어가 실행된다는 확신을 얻습니다.

아주 긴 시간이 지나도 아이디어에서 흠을 발견할 수 없을 때, 모든 단계의 자극과 그 뒤의 이완에도 그것이 이치에 맞을 때, 그 문제에 관한 지식이 늘고 실현으로 향하는 방법에 따라 성취욕이 더 격렬해지면서 얼마간 피로를 느낀 뒤 곧 그것이 더 큰 힘으로 되돌아올 때, 바로 그 때 아이디어는 진실이 됩니다.

– 버나드 칼슨, '니콜라 평전' 중에서 –

그 어느 누구도 그저 하나의 재미있는 생각을 하고, 그것을 발명품으로 만들고, 그래서 세상에 이름을 남기고 영향을 미친 것이 아니겠지요. 생각의 골은 깊을 것이고, 모형을 만들어 보고, 시도하고, 실패하고, 수정하고, 다시 만들어 보는 시간이 반드시 필요합니다.

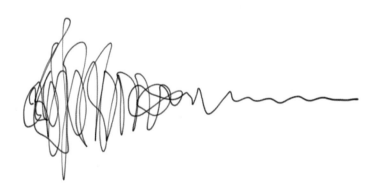

위의 그림이 잘 설명해 줍니다. 직접 아이디어를 내고, 고민하고, 방법을 결정해서 직접 만들고, 그러다가 실패하고, 다시 만들어 역사에 남는 발명품을 만든 우리가 아는 발명가들은 모두 위와 같은 과정을 밟았습니다. 아이디어 단계, 다시 말해 '무엇을 할까?, 무엇을 만들까?, 왜 만들까?'의 단계는 오래 걸리고, 머리가 아프고, 앞으로 나아갔는가 하면 다시 뒤로 되돌아오는 과정을 밟습니다. 그러다가 방향을 잡으면 그때가 되서야 모형을 만들고, 테스트하고, 완성하는 과정을 밟게 되는 것이지요. 우리들이 알고 있는 모든 사람들이 그러했습니다.

그러면 지금 내가 가르치고 있는 아이들은 어떨까요?

지금 내가 만나고 있는 아이들의 마음과 몸에는 어떤 테슬라가 있을까요?

최근 들어서 여러 신문 지상에서는 창의형 인재 교육에 대해 보도하고 있습니다.

"정답 찾기가 목적 아냐, 질문 던져 생각 넓혀야~"

"명령보다 질문이 효과적……. 호기심 일깨워 주세요."

"융합 시대 준비 정보 과학적 사고력에 집중해야~"

"스스로 생각하도록 가르쳐야~"

"〈왜, 어떻게〉를 활용해 질문하면 여러 방향으로 답 생각하게 되죠."

"창의력 키우는 융합 교육이 인공 지능 시대 인재 만든다."

"생활 속 현상에 호기심 갖고 실패를 거듭해도 두려워 말라."

"끊임없이 질문 유도해 잠재력 끄집어내는 수업 필요!"

이런 기사들이 줄지어 나오고 있습니다.

어떻게 하면 좋을까요? 어떻게 해야 할까요? 기사를 읽으면 좋은 이야기라는 생각이 들고 '그렇게 해야지.'라고 생각이 들지만, 막상 어디에서부터 시작하고 무엇을 해야 할지 막막할 때가 많을 수 있습니다. 아무도 어떻게 하라고 구체적으로 가르쳐 주지 않고, 그저 **'이제 창의형 인재를 키우라.'**라고 하는 것처럼 느낄 수 있습니다.

무엇보다 학생들을 미래 인재형으로 교육하겠다고 생각하면, 지금의 교육 현장에 대한 반성적 사고를 해 보아야 합니다. 누구나 시대는 변했고 앞으로 더욱 변할 것이라고 이야기하지만, 교육 현장은 약간의 외형적 변화만 있을 뿐 내면적인 변화, 실제적인 변화는 그리 많지 않습니다. 아직도 교실에서는 암기식 교육이 이어지고 있고 경쟁은 누가 얼마나 빨리 주어진 방법대로 하느냐와 관련되지요. 가정에서도 이에 맞추어 아이들을 지도하고 있습니다. 아이들의 가능성과 잠재력은 그다지 발휘되고 있지 않다고 보아야지요.

많은 학생들에 대해 지능 검사와 전략 검사를 하면서 그들이 가진 잠재력에 놀랐고, 초등학교 4학년 이후의 학생들을 검사하면서 그들의 잠재력이 제한(restrict)되고 있음에 놀랐으며, 중학교 학생들을 검사하면서 처리 속도 지능이 낮고 모든 가능성과 잠재력을 자신 스스로 묶고 있는 듯한 느낌에 놀랐었습니다. 창의 체험 활동이나 자유 학기제 관련 활동, 혹은 창의 캠프 활동을 하면서 만난 학생들과 디자인 싱킹으로 열어 가는 프로젝트 활동을 하다가 당황하는 일도 많았습니다. 해가 가면서 더욱 심해지는 것 같기도 하고, 더욱 많아지는 것 같기도 합니다.

생각할 주제를 주고 학생들에게 검색하여 그 결과를 적어 오라고 하면 놀랍게도 학생들 대부분의 결과물이 동일합니다. 마치 어떻게 찾으라는 규칙을 교사가 알려 주고 시킨 것처럼 말이지요. **분명히 활동은 창의적인 활동인데 과정은 전형적이고 결과도 전형적으로 나옵니다.**

이게 무슨 의미일까요? 왜일까요?

학생들과 '음식물 쓰레기(food waste)'에 대해 알아보았을 때의 이야기입니다. "자 음식물 쓰레기에 대해 검색해 보자. 어떤 정보이든 너희들의 주의를 끄는 것들에 대해 검색해 오렴."이라는 말에 학생들은 자기 공간으로 달리기 시작했습니다.

학생들에게 제시한 활동은 **속도를 재는 게임이 아니었습니다. 경쟁을 하는 것이 아니었습니다.** 그런데 학생들은 자연스럽게도 누가 "이거 경기야?", "이거 경쟁하는 거야?"라고 묻지 않았음에도 불구하고 모두 그 상황을 경쟁이라고 규정하고 달리기 시작했던 것이지요. 그런데 알아온 정보는 모두가 똑같았습니다. 학생들은 이미 속도전으로 규정하고 활동하였고, 맨 먼저 온 친구는 교사로부터 무슨 보상을 받게 되는지 궁금해 하고 있었습니다. 당연히 그 활동의 결과에 대한 의미를 점수로 표시한다면 '0점'입니다. 아무 의미가 없기 때문이고 어떤 새로운 정보나 지식도 의미 있게 얻을 수 없었기 때문이지요. 단지 사전적 의미를 **빨리** 찾았을 뿐입니다.

학생들은 사이트 주소를 안내하면 마치 경주하듯이, 마치 경주마라는 역할로 이 세상을 살아가고 있는 것처럼, 누가 **빨리** 가는 가에만 관심이 있는 것처럼 **빨.리.** 결과물을 찾아옵니다. 예를 들어 'google'을 통해 검색하라고 하면 google 검색창에 교사가 찾으라고 하는 것을 적고 '돋보기'를 누른 후 제일 먼저 나오는 검색 결과를 그대로 적어 옵니다. 소위 'scroll'이라고 하는 것을 한번도 안 하고 첫 번째로 나오는 것 그대로를 적는 것이지요.

"애들아, 선생님하고 약속하자. 이미지에 들어가서 키워드를 검색하고, 적어도 세 번 이상 마우스를 움직여 내려가 보는 거야. 그래서 관련 이미지를 다섯 개 찾아오자."
"몇 번이요?"
"세 번 이상."
"그게 몇 번이에요?"
"그래, 그럼 세 번만 하도록 하자."

'가만히 있으라.'는 말조차 잘 듣는 우리 학생들은 정확히 세 번 마우스를 굴려 이미지를 검색하였습니다. 학생들이 찾아온 결과물은 또 똑같았습니다. 적잖이 놀랐겠지요? '음식물 쓰레기'로 검색한 학생들의 이미지는 거의 예외 없이 각자가 찾은 다섯 개, 그리고 모든 학생들이 검색한 거의 100개 정도 되는 이미지가 모두 '음식물 쓰레기가 쌓인 사진'이었습니다. 독자들이 궁금해 할 수 있습니다.

'왜? 뭐가 문제지? 음식물 쓰레기 이미지라고 하지 않았나?'

아닙니다. 학생들에게 준 과제는 '음식물 쓰레기 **관련** 이미지'였지요. 물론 검색어는 음식물 쓰레기이지만 나오는 결과물은 지금 현재 이 자리에서 검색해도 셀 수 없이 많이 검색되며, 음식물 쓰레기가 모인 사진도 있습니다. 음식물 쓰레기를 줄이자는 포스터도 검색되고, 음식물 쓰레기와 관련된 도표도 있고, 음식물 쓰레기 피라미드(food waste pyramid)도 있고, 음식을 먹기 싫어하는 아이의 표정 사진도 있고, 쓰레기 섬 이미지도 있고, 음식물 쓰레기가 처리되는 과정에 대한 이미지도 있지요.

더욱 놀라운 것은 시간입니다. 각자의 컴퓨터는 저자가 교육하는 장소에서 이동해야 하는 옆 교실에 있었습니다. 학생들은 달려갔고, (거짓말 하나도 안 보태고 이야기하자면) 학생들이 달려가는 모습을 보면서 "안 뛰어도 돼."라고 이야기하고 나서 가르쳤던 강의물을 탁탁 정리하고 있으면 학생들이 다 찾았다고 또 달려왔습니다. 바로 전에 "지금 현재 이 자리에서 검색해도~"라고 하고, 이동도 하지 않은 채 이 책상에서 검색했을 때도 5분 이상이나 걸렸는데, 학생들이 달려가서 찾고 다시 제게 달려올 때까지는 정말 눈 깜짝할 순간이었습니다.

학생들에게 관련 이미지를 찾으라고 요구한 활동은 시간이 절대적으로 소요되는 일입니다. 속도전이 아닙니다. **속도전은 오히려 학생들의 아웃풋(output)을 망칩니다.** 학생들은 점차 빨리 찾는 기계가 되고, "빨리 찾는 능력"은 능력으로 잘못 평가되기도 합니다. 그런 잘못된 평가로 학생들이 행복해진다면 뭐 그런대로 넘어가겠지만, 그런 속도전으로 인정받던 학생들은 평생을 그 속도전 때문에 여기 부딪치고 저기 부딪쳐 힘들어하게 됩니다. 속도전에서 이길 수 없다고 판단한 학생은 아예 자신이 무엇인가 할 수 있다는 생각을 접게 되고, 따라서 결과적으로 처리 속도가 떨어지게 되는 구조이지요.

관련 이미지를 찾는 것에서도 집중적인 고민과 선택의 결과를 보지 못해서, 학생들에게 한 해의 우리나라 전체 음식물 쓰레기 처리 비용과 거가대교 총 설립 비용을 조사해 보라고 하였습니다. 독자 여러분들도 지금 스마트폰을 꺼내서 검색해 보세요. 한 해의 음식물 쓰레기 처리 비용과 거가대교 총 설립 비용을 말이죠.

● 1년 동안 우리나라 음식물 쓰레기 처리에 드는 비용은 얼마인가요?

● 거가대교를 만드는 데 든 총비용은 얼마인가요?

"9,000억 원인가?", "15조 원인가?", "1조 4천억 원인가?"
"응? 뭐지? 나는 1조 2천 4백억 원인데?"
그러면 우리 마음속에 질문이 생깁니다. **"누가 틀렸지?' '누가 맞았지?"**

이때 질문을 하나 던질 수 있습니다.
"몇 년도 자료를 보았나요?"
"아~ 해마다 자료가 다르겠구나."
이렇게 위안을 받을 수 있습니다.

그러나 특정한 연도로 제한을 해도 결과는 마찬가지입니다. 그 많은 정보들이 모두 수치가 다르니 실로 난리가 나지요. 답은 다 다릅니다. 그게 인터넷 세상이지요. 누가 틀리고 누가 맞아서가 아니고 또 누가 잘못 올리고 누가 잘 올려서가 아니라, 그렇게 인터넷에는 정보가 넘쳐나고 그 정보가 알려 주는 것이 모두 다르다는 이야기입니다.

학생들에게 한 해 우리나라 음식물 쓰레기 처리 비용과 거가대교 총 설립 비용을 조사하라고 하자 난리가 났습니다. 하물며 놀리기까지 하였습니다. "와, 9000억 원이래.", "무슨 소리야? 15조 원이 넘 거든." "야, 그게 말이 되냐? 내가 맞아."

왜 그렇게 자신의 답을 확신하는지 묻자 학생들은 자신이 찾은 사이트가 우리나라에서 제일 큰 사이트라고 하거나, 신문을 보았다고 하거나, 환경부 장관이 인터뷰한 내용이라고 하였습니다. 그러나 그 모든 이유가 다 '합리적 이유'는 되지 않습니다.

열심히, 힘들게, 그것도 마우스를 굴려 가면서 찾은 검색 결과에 대해 교사가 문제를 제기하자 학생들은 이제 짜증을 내기 시작했습니다. 다 알아냈는데, 왜 더 해야 하냐고 문제를 제기했습니다. 대부분의 학생들이 그랬지요. 그런데 **이 상황에서 개별적 강점을 보이는 학생들이 있습니다. 검색 과정을 반복하려 하고, 무엇보다 '꼬리에 꼬리를' 무는 검색 과정을 반복하고 싶어 하는 학생들이 있습니다.**

여기에서부터 차이가 납니다. "아~ 이게 뭐야. 재미없어요."라고 다른 학생들이 교사에게 불평하고 짜증을 내는 동안, 눈에 불을 켜고 마치 아무 것도 안 들리는 듯이 검색의 과정을 반복해서 하는 학생들이 있습니다. 이 학생들은 다릅니다. 이미 이 학생들은 앞으로 그들이 어떻게 커갈 것인지에 대해 긍정적인 기대를 하게 합니다.

> 이 상황에서 개별적 강점을 보이는 학생들이 있습니다.
> "아~ 이게 뭐야. 재미없어요."라고 다른 학생들이 교사에게 불평하고 짜증을 내는 동안, 눈에 불을 켜고 마치 아무 것도 안 들리는 듯이 검색의 과정을 반복해서 하는 학생들이 있습니다. 이 학생들은 다릅니다.

내 학생은 어떠한가?
혹시 교사인 나는, 어떠한가?

생각하는 능력은 초등학교 3학년 정도면 많이 자리 잡습니다. 다른 말로 하면 **연령이 올라갈수록 생각하는 능력을 키워 주기는 힘들다**는 뜻이지요. 불안해지는 것은 점점 더 연령이 내려간다는 느낌 때문입니다. 초등학교 2학년인데 생각하지 않으려고 하는 학생들이 있습니다. 이제 겨우 초등학교 1학년인데도 생각하지 않으려고 하는 학생들도 있습니다.

제가 아는 한 학생은 초등학교 1학년 여자아이였습니다. 부모는 어렴풋이 내 아이가 원하는 것을 하면서 살았으면 좋겠다고 생각하고 있었지요. 참 좋은 말처럼 들립니다. 그래서 어느 날 아이가 "엄마, 나 발레 할래."라고 하면 발레를 시키고, "엄마, 나 발레 싫어. 스케이트 할래."라고 하면 발레를 끊고 스케이트를 시켰다고 합니다. 그 아이가 1년에 한번 열리는 '국제 발명 대회(Global Inventors Challenge)'에 나가 보고자 캠프에 왔었습니다. 그 아이는 캠프에 오면서부터 자기는 음악이 나오는 줄넘기를 만들겠다고 하였습니다.

디자인 싱킹의 과정에 따라 '왜?'를 생각해 보는 시간이 되었습니다. '왜?', '무엇이 불편해서?', 또는 '무엇이 필요해서?' 등을 생각하는 단계에서 아이는 "그냥~"이라고 하였습니다. 줄넘기를 좋아하냐는 말에 그렇다고 답하였습니다. 그래서 줄넘기를 하는 동안 음악이 나왔으면 좋겠냐고 물었더니 그렇다고 하였습니다.

"아~ 우리 OO이는 음악을 좋아하는구나?"

"네."

"그래. 그러면 음악이 나오는 줄넘기를 한번 그려 보자. 어떻게 해 보면 좋을까?"

"…"

"OO이가 말한 것을 간단하게 그려 볼까?"

"안 만들래."

"응?"

"안 만들래."

"그래. 그러면 이야기를 해 보렴. 선생님이 스케치를 도와줘 볼게."

(그 때 옆에서 한 친구가 움직이는 의자를 만든다고 이야기하고 있었다.)

"나도 움직이는 의자 만들래."

생각하지 않는 학생은 생각하는 학생을 이길 수 없습니다.

결승점을 향해 빨리 달리도록 훈련된 트랙 위의 말들은, 트랙 밖도 볼 수 있고 스스로 길을 만들 수 있는 말들을 이길 수 없습니다. 성적 조금 앞서고 뒤서는 문제가 아닙니다. 앞으로의 시대를 살아갈 우리의 학생들은 이제 생각하지 않으면, 아니 생각하지 못하면 그 누구도 이길 수 없습니다.

심부름을 하는 사람으로 성장한다고 칩시다. 옛날에는 가능했습니다. 그런데 지금은 심부름도 인공 지능이 훨씬 더 정확하게, 훨씬 더 빨리, 훨씬 더 많이(잠도 안 자고) 할 수 있으니 그쪽으로 진로를 잡으면 안 됩니다.

메이와 덴키(Maywa Denki)라고 하는 일본의 한 전기 회사를 운영하는 토사 노부미치(土佐信道)는 창의롭고 흥미로운 사람입니다. 직접 만나 보면 수줍음도 많고 조용한 사람이지만 창의의 문이 열리면 그야말로 입을 헤~ 벌린 채 그의 말과 행동을 보게 됩니다.

한국에 와서 학생들과 워크숍을 한 토사는 디자인 싱킹에 대해, 그리고 그에 근거한 자신의 삶과 활동에 대해 여러 가지 이야기를 하였습니다.

그 중에서 가장 기억에 남는 말은 다음과 같은 말입니다.

"엉뚱한 생각이 땅에 떨어지면 그냥 엉뚱한 생각이 됩니다.
하지만 엉뚱한 생각이 실제로 만들어지면 그건 대단한 발명이 됩니다."

활동을 하던 한 초등학생이 손을 들어 토사에게 물었습니다. "선생님이 만든 장난감 중에 제일 재미있는 것은 무엇입니까?"

토사의 답은 아직도 귀에 머물러 있습니다.

"아, 좋은 질문입니다. 저에게 가장 재미있고 좋은 장난감은 바로 저 자신입니다."

토사에게는 두 명의 어른이 있었답니다. 한 어른은 어머니였고, 다른 한 어른은 선생님이었답니다. 어머니 이야기부터 해 보지요.

토사는 어릴 때부터 밤에 악몽을 많이 꾸었는데, 그 악몽 속에는 늘 물고기가 나왔다고 합니다. 어린 토사는 그 물고기 악몽을 없애기 위해서 꿈에 나오는 모든 물고기를 그렸다고 합니다. 어린 아들이 그린 물고기 그림을 보면서 어머니는 "잘 그렸다."라는 칭찬 대신 "재미있는 그림이네."라고 하였고, 토사는 점점 더 재미있는 그림들을 많이 그리게 되었다고 합니다. 그 물고기 그림들이 발전하고 발전해서 그의 작품들이 되었고, 자기 이름을 건 활동을 하게 되었다고 합니다.

선생님 이야기를 해 볼게요. 선생님은 토사가 단체 사진을 찍을 때 괴이한 폼을 잡아도 아무런 제재를 하지 않으셨답니다. 그의 특이한 생각을 그냥 늘 들어 주셨다고 합니다. 자신의 성공 비결을 '**엉뚱함**'과 '**지속성**'이라고 하는 토사는, 어머니와 선생님에 대한 감사 표현을 잊지 않았습니다.

내 학생들의 몸과 머리에 있는 독특한 존재를 귀하게 여기는 교사는 시대의 변화에도 흔들리지 않고 학생들에게 지대한 영향을 미치고 성장을 촉진하는 전문적인 교사가 될 것입니다.

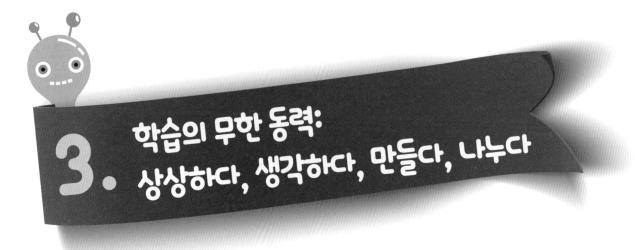

3. 학습의 무한 동력:
상상하다, 생각하다, 만들다, 나누다

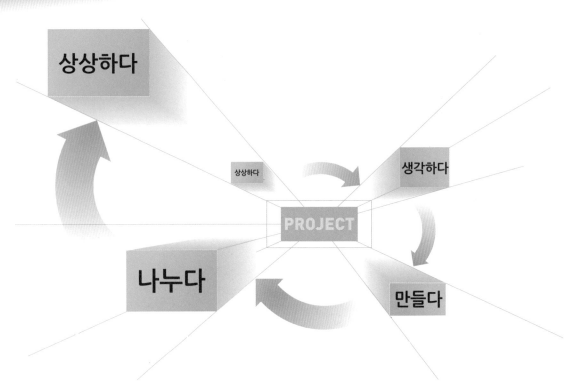

상상하다

생각하다

상상하다

PROJECT

나누다

만들다

"공부는 끝이 없다."

아마 이 말을 들으면 학생들은 기가 막힌다고 하겠지요? 여러분은 어떠셨나요? 고등학교 때인가 "배우고 또 익히니, 어찌 즐겁지 아니한가."라고 하셨던 국어 선생님께 뭐가 즐겁냐고 따졌던 기억도 있습니다.

우리의 공부는 그러했습니다. 많은 것을 외워야 했고, 항상 잘한 것보다는 틀린 것에 대해 지적을 받았으며, 아무리 노력해도 100점을 받기는 정말 어려웠지요. 그러다가 대학교에만 가면 시험도 안 보고 성적도 중요하지 않을 것이라는 기대감을 갖게 되었는데, 대학교에 들어가자마자 각종 시험을 보고 리포트를 준비하면서 모든 환상이 깨졌던 기억이 있습니다.

학습의 선순환(virtuous circle)

좋은 현상이 끊임없이 되풀이되는 선순환이 학습에서 이루어진다면 그 순환만으로도 많은 효과를 거둘 수 있습니다. 그것이 학습의 원동력이지요. 일반적인 학습 모형에서도 효과적이며, 프로젝트 수업에서는 더욱 그렇습니다. 나선형으로 업그레이드가 되고 수준이 올라갑니다. 궁금해 하고 알아보고, 알아내고, 익히고, 그에 기준하여 한 단계 업그레이드하여 그 과정을 반복하는 것입니다. 다시 궁금해 하고, 알아보고, 알아내고, 익히는 선순환! 학습은 성장을 지원해야 합니다.

학생들의 학습이 선순환 구조가 되고, 그로 인해 학습의 무한 동력이 일어나기 위해서 교사 및 학부모님들이 기억해 주었으면 하는 몇 가지를 이야기해 보겠습니다.

❶ 어떤 학습도 '시작'이 아니고 '끝'이 아님을 기억한다

학생들은 아이디어를 내라고 하면 깜짝 놀랄 아이디어를 냅니다. 자기가 이야기한 아이디어에 성인인 교사나 학부모님이 감탄하다 보면 학생들은 점점 더 신기하고 참신한 아이디어를 냅니다. 하지만 학생들이 낸 반짝하는 아이디어는 실현되기 어려운 경우가 많습니다. 그러다 보니 우리들의 첨단 교육은 허울 좋은 것이 되기 쉽지요. 멋진 아이디어를 내는 데 급급하다 보니 그 아이디어가 오랜 경험과 고민 중에 나오는 경우가 드물고, 그래서 실현되기 어렵기 때문입니다.

생전 처음 냄비를 두드려 본 아기는 그 소리에 집중하게 되고, 그래서 주변의 여러 그릇들을 살펴보게 되며, 이리저리 두드려 보고 즐거워하다가 그 즐거움을 표현하기 위해 부모를 쳐다봅니다. 그것이 학습의 시작일 것입니다. "저건 어떤 소리가 날까?" 상상하게 되고, 직접 해 보게 되고, 즐기고 나누게 되지요.

처음으로 1000원짜리를 쥐어 주며 심부름을 시킨 엄마를 실망시키지 않으려는 생각을 하며 가게에서 1000원을 내고, 거스름돈을 받고, 그 거스름돈이 얼마인지를 헤아리면서 기쁨을 느낍니다. 그런 것이 학습의 시작입니다.

처음으로 비행기를 만들려 했던 라이트 형제는 "아, 이렇게 하면 날 수 있겠구나."라고 상상하고, 그것을 구체적으로 생각하고, 만들었지만 실패도 했었습니다. 만약 그 순간 "아~ 안 되는구나."하며 꿈을 접었다면 비행기는 이 세상에 훨씬 더 늦게 나왔을 것입니다. 그러나 그들은 또 생각하고, 또 만들고, 또 테스트하고, 실패하면 또 상상해 보고, 생각해 보고, 만들어 보았습니다.

이런 과정을 반복한 결과 지금은 누구나 비행기를 이용할 수 있게 되었습니다. 이러한 것을 학습에서의 무한 동력이라고 할 수 있습니다. 한번의 시도와 한번의 성공이 아니라, 반복 시도와 반복 성공인 것입니다. 그리고 그 성공은 다음의 호기심과 질문으로 이어지는 무한 동력이 됩니다.

❷ 어떤 이야기도 버릴 것이 없음을 기억한다

학습의 선순환을 이해하기 위해서는 학생들의 어떤 이야기도 버릴 것이 없음을 기억해야 합니다. 학생들은 상황이 주어지지 않아도, 즉 교사가 질문을 던지지 않아도 종종 혼잣말로라도 이야기를 하지요. **학생들이 하는 이야기는 어떤 이야기도 버릴 것이 없습니다.** 그것이 학습의 시작이 되든, 학습과 관련된 느낌의 이야기이든, 경험의 이야기이든, 교사는 귀 기울여 들어야 합니다. 학생들에 대한 관찰은 듣기에서부터 시작되니까요.

학생들은 교사가 자신의 이야기를 주의 깊게 듣고 있음을 알 때, 보다 많은 말을 하게 되고 자신의 스토리에 논리성을 더하게 됩니다. 논리성을 갖추다 보면 점차 머릿속에서 아이디어들이 줄을 서게 되고, 그래서 그 안에서 보다 구체적인 디자인 싱킹이 발생하게 됩니다.

❸ '상상하다, 생각하다, 만들다, 나누다'의 기본 순환이 이루어지도록 지도한다

교사는 학생들의 학습 활동에서 '상상하다, 생각하다, 만들다, 나누다'가 기본적으로 순환되도록 합니다.

학생들이 "다 했어요."라고 할 때 교사는 그 다 한 것에 기준하여 새로운 호기심과 질문을 끌어내도록 합니다. 학생들이 "이것은 정말 모르겠어요."라고 하는 데에서 출발하여 구체적인 마인드맵을 시작하고, 그 이전의 성과를 회상하게 하며, 그에 기준하여 새로운 틀을 짜나가도록 안내합니다.

즉, 결과는 시작이 되고 시작은 다시 결과로 가는 선순환 구도를 만들어내는 것이지요. 이런 구조는 학생들에게 금방 습관화가 됩니다.

초등학생들과 프로젝트 활동을 하면 마지막 주에는 근사한 전시회를 하게 됩니다. 전시를 할 때 느끼는 가장 뿌듯한 점은 약 한 달 동안의 과정을 학생들이 모두 기억하고 설명할 수 있다는 것입니다.

전시회가 끝나고 나면 "우리가 곤충에 대해서 알아봤으니까 이제는 날아가는 것에 대해 알아보면 어때요?", "아니야, 곤충을 알았으니 이제 동물을 알아봐야지.", "아니야, 우리가 곤충 집 하다가 못했으니까 동물의 집으로 하자."라는 식의 학생들의 건의가 수도 없이 올라옵니다.

습관이 되고 나면 학생들은 스스로 시작을 끝으로,
그리고 끝을 시작으로 잡아갑니다.

인공 지능 (Artificial Intelligence)　인공 지능은 사람의 자연 지능과 달리 기계로부터 만들어진 지능을 말합니다. 이세돌 기사가 알파고와 바둑 경기를 하면서 한번 나라가 들썩거렸지요? 네. 알파고가 바로 인공 지능입니다. 우리 주변에도 많습니다. 내비게이션도 인공 지능이고, 최근에는 인공 지능 에어컨이나 냉장고 등이 나오고 있지요. 말을 하지 않아도 주인의 마음을 알아서 자동으로 작동되길 바라는 것이겠지요? 2016년에 EBS에서는 '인공 지능 시대: 인간의 미래'에 대해 지속적으로 방송하였습니다.

알파고(Alpha Go)　알파고는 많이들 아십니다. 알파고는 구글 딥 마인드가 개발한 인공 지능(AI) 바둑 프로그램입니다. 이세돌과의 경기로 인해 유명해졌습니다. 최근 업그레이드 된 알파고가 내로라하는 바둑 9단들에게 60연승을 하였기 때문에, 이세돌 기사는 이제는 자신이 알파고를 이길 수 없다고 말했습니다. 2016년 1월의 이야기입니다.

왓슨(Watson)　알파고가 구글이라면 왓슨은 IBM의 인공 지능입니다. 2017년 2월 'IBM Challenge'에서 우승함으로써 또 한번 이슈가 되었지요. 왓슨은 인간 수준의 이해력과 분석력을 갖추는 것이 목표이며 계속 업그레이드되고 있습니다.

**4차 산업 혁명과
관련된 용어를
익혀 봅시다**

웨어러블 디바이스(Wearable Device)　웨어러블 디바이스는 말 그대로 몸에 착용하는 컴퓨터입니다. 스마트워치, 구글 글라스 등을 예로 들 수 있습니다. 현재 계속 개발이 되고 있습니다.

스티브 잡스(Steve Jobs)　애플의 창업자로 잘 알려진 스티브 잡스이지요. 2011년 사망했지만 창의적 기업인으로서 오랫동안 인류의 기억에 남을 것입니다.

창의 공학(Creative Engineering)　미래학자들은 오래전부터 메이커의 시대가 온다고 하였습니다. 로봇이나 인공 지능의 발달은 무엇인가 만들 수 있는 사람들이 생각해 내는 아이디어들이 훨씬 미래 지향적이고 현실적이며, 창의적임을 보고하였지요. 그래서 최근에는 만드는 것 즉, 공학과 관련된 관심들이 되살아나고 있으며, 창의성과 연결되어 강조되고 있습니다. 이미 미국을 비롯한 여러 선진국들은 유아 때부터 공학을 지도하고 있습니다.

알고리즘(Algorithm)　컴퓨터 실행 명령이라 할 수 있는 알고리즘은 어떤 문제를 풀기 위한 절차나 방법을 말합니다. 다시 말해, 어떤 행동을 하기 위해서 만들어진 명령어들의 유한 집합이라고 보면 됩니다. 이미지로 보면 마치 플로우 차트처럼 보일 수 있습니다.

기계 학습(Machine Learning)　기계 학습은 인공 지능의 한 분야인데, 컴퓨터를 공부시키는 기술이라고 보시면 됩니다. 컴퓨터가 방대한 양의 데이터들을 스스로 학습하고 분석할 수 있도록 개발하는 분야로, 컴퓨터가 기계 학습이 되고 나면 지금은 우리가 스팸 메일과 스팸이 아닌 메일을 구분하지만 컴퓨터가 스스로 구분할 수 있게 되는 것을 예로 들 수 있습니다.

메이커　메이커는 무엇인가를 만드는 사람입니다. 왜 최근에 다시 메이커라는 용어가 등장했는지를 이해하자면, 2030 유엔 미래 보고서에서부터 메이커에 대한 주장이 빈번하게 나오면서 박영숙의 '메이커의 시대'라는 책이 등장한 것도 우리나라에서는 큰 몫을 하였습니다. 필요한 물건을 만드는 것보다는 자신만의 독특한 것을 창의적으로 만드는 것에 대해 이야기할 때 메이커라는 용어를 사용합니다.

IoT(Internet of Things)　사물 인터넷은 모든 사물들이 인터넷과 연결된다는 의미입니다. 세상의 모든 것이 네트워크로 연결된다는 의미이지요. 택배 배송 추적 시스템을 알고 계시지요? 그것이 사물 인터넷의 초기 모습이었다고 볼 수 있어요. 그 다음에는 e-book, 스마트 홈, 헬스 케어 등이 이에 속하지요.

❶ 미래에 필요한 기술은 인간이기에 가능한 능력입니다.

❷ 디자인 싱킹은 우리가 목적을 가지고 생각하고, 설계하고, 계획하고, 시험해 보고, 완성해 가는 모든 과정을 의미합니다. 팀 브라운(Tim Brown)은 디자인 싱킹이 통합적 사고를 위한 능력이라고 말하였습니다. 구체적으로 디자인 싱킹은 세 가지 즉, 사람들의 욕구, 각종 기술이 가진 가능성, 그리고 비즈니스의 성공에 대한 욕구 등을 통합해서 혁신적으로 결과를 이끌어 내는 인간 중심의 접근 방법이라고 할 수 있습니다.

❸ 미래를 어느 정도 준비하고 있느냐 하는 것을 미래 준비 지수라고 합니다. 우리나라는 미래 준비 지수를 측정한 57개국 중 23위입니다. 많이 높여야겠지요? 미래 준비 지수의 영역은 미래 탐색(교육과 정보 인프라), 미래 활동(미래에 대한 연구 및 투자), 미래 성과(미래에 대한 잠재력과 삶의 질의 증대), 그리고 미래 평가(미래 지향적 리더십)입니다.

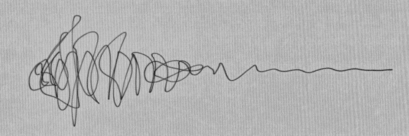

이 그림은 아이디어 단계가 보다 오래 걸리고 복잡함을 의미합니다. 그러다가 방향을 잡으면 그 후에야 모형을 만들고, 테스트하고, 완성하는 과정을 밟게 됩니다.

❹ 4차 산업 혁명과 관련된 단어들을 제시하였습니다. 그 중에서 특히 의미 있는 몇 가지의 단어를 다시 설명합니다.
- **인공 지능**: 기계로부터 만들어진 지능
- **왓슨**: 의학에서 사용되는 IBM의 인공 지능
- **알파고**: 구글에서 개발한 인공 지능
- **웨어러블 컴퓨터**: 몸에 착용하는 컴퓨터
- **알고리즘**: 컴퓨터 실행 명령
- **IoT**: 사물 인터넷. 모든 사물들이 인터넷과 연결됨을 의미함.

2.

상상하다:
백지에서 시작하는 연결

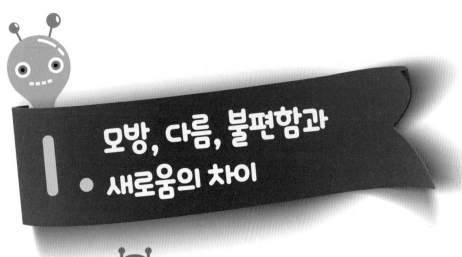

모방, 다름, 불편함과 새로움의 차이

새.로.움.의 의미

창의란 새로운 의견을 생각하거나 의견을 내는 것, 또는 새로운 생각 그 자체를 말합니다. 창의성을 이야기하면 누구나 '새.로.움.'이라는 단어를 떠올리게 됩니다. 무조건 새로운 것이어야 한다고 생각하기도 하지요. 그래서 어떤 아이가 "선생님, 신발에 날개가 달려 있으면 좋겠어요."라고 하면 그 아이가 창의적이라고 생각합니다. 그런데 "선생님, 장애인도 운전할 수 있는 차가 있었으면 좋겠어요."라고 하면 "그런 자동차는 이미 있어."라고 합니다. 마치 새로운 것이 아니면 의미가 없다고 판단하는 듯합니다.

'하늘 아래 새로운 것이 있을까?'라고 생각한 적이 있습니다. '이런 생각은 사람들이 절대로 하지 않는 나만의 새로운 생각이야.'라고 확신하고 혹시 몰라 검색을 해 보면 거의 100% 같은 내용이 있습니다. 제일 먼저 다가오는 감정은 실망감이겠지요. "에이, 있네." 손으로 자기를 건드려 깨워 주는 알람 시계를 만들고 싶다던 여학생은 검색 사이트에 자신의 생각보다 더 멋진(실은 그 모습이 더 웃긴) 손으로 깨우는 알람 시계가 있자 멍한 표정으로 앉아 있었습니다. 마치 '어떻게 하지? 벌써 다른 사람이 만들었네?'라는 표정이었습니다.

생각하게 됩니다. 새.로.움.이란 무엇일까요?

새로움은 세 가지로 생각할 수 있습니다.
첫째는 모방과 새로움입니다.
둘째는 다름과 새로움입니다.
셋째는 불편함과 새로움입니다.

② 모방과 새로움: 어떻게 모방에서 새로움을 찾게 도울까

중학교 때 몇 명의 친구가 손 위에 볼펜을 올려 돌리는 것을 보고는 부러워하며 집에 가서 한참 연습한 적이 있었습니다. 얼마나 열심히 연습했는지 저는 며칠 뒤에 새로운 방식으로 볼펜을 돌리게 되었고, 그저 손 위에 볼펜을 올리고 돌리던 아이들이 오히려 배우려 했던 적이 있었습니다. 친구가 한 손을 놓고 자전거를 타는 모습이 부러워서 흉내를 내고 연습하다 보면 어느 새 두 손을 놓고도 타게 되고, 그것도 몸을 꼬아 가면서 자전거를 몸으로 흔들거리며 타는 경지에까지 이르게 되기도 하였습니다.

모방은 새로움의 기반이 아닐까요? 특히 아주 어린 시기에서부터 조기 교육 등으로 자기만의 생각을 멈춘 학생들을 대상으로 새로움을 지도하려면 모방을 용서해 주어야 합니다. 아니 오히려 모방을 권해야 합니다. 모방한 것이 익숙해지고 습관화되면 학생들은 저절로 자기만의 것으로 전환하고 싶어 합니다.

프로젝트 학습을 하다 보면 학생들끼리, 그리고 팀끼리도 모방함을 알 수 있습니다. 만드는 과정에서도 수도 없이 눈은 돌아가고, 염탐꾼 친구는 "야, 저쪽 팀은 여기에 철심을 박았어. 우리도 그렇게 하자."라고 이야기를 해서 자기 팀의 성과물을 업그레이드하려고 합니다. 경쟁심이 성취감을 올리기도 하고, 새로운 것을 만드는 것에 대한 부담감을 덜어 주는 것도 사실입니다.

이렇게 지도해 주세요.

■ 모델링: 보고 따라할 수 있는 것을 제시합니다.
  "자, 잘 보자. 어떻게 만들어졌는지, 어디가 제일 어려울 것 같은지 등을 살펴보렴. 그리고 우선 똑같이 만들어 보자."

3 다름과 새로움: 어떻게 다름에서 새로움을 찾게 도울까

만약에 사람이 모두 똑같다면 세상은 어떻게 되었을까요?

단일 민족의 이념 속에 살아온 우리들은 '다름'에 대해 그리 관용적이지는 않습니다. 그러나 역설적으로 만약 우리가 모두 똑같다면 세상은 어떻게 변해 왔을까요?

우리 모두가 알고 있는 사실입니다. 우리 모두는 다릅니다.

하나의 프로젝트를 성공적으로 해내기 위해서는 똑같은 사람 열 명이 필요한 것이 아니라, 서로 다른 사람이 필요합니다. 누구는 기획에 강하고, 누구는 개발에 강하고, 누구는 평가에 강할 수 있으니까요. 누구는 시각적으로 민감하고, 누구는 종합하는 능력이 있고, 누구는 만드는 힘이 있을 수 있습니다. 이러한 다름이, 다시 말해 서로가 가지고 있는 강점들이 한데 어우러질 때 최고의 결과물이 나올 수 있을 것입니다.

다소 과장되게 이야기하자면 **다름을 섞는 것만으로도 '새로움'이 될 수 있다는 이야기입니다.** 한 가지 현상을 보는 것이 사람마다 다르니 해석이 달라질 수 있고, 문제를 보는 시각이 다르니 문제를 해결하려는 방법도 달라질 수 있습니다. 물건을 보는 관점이 다르니 기존의 것을 분석하고 리모델링하는 아이디어도 새롭게 나올 수 있을 것입니다.

이렇게 지도해 주세요

"너는 어떻게 생각해?"

"너는 어때? 너는 비교적 감각적 요소가 강하니까 말이지."

"너는 어때? 일단 논리에 맞지 않으면 기분이 나빠지잖아. 그러니까 논리를 잡아 봐."

4 불편함과 새로움: 어떻게 불편함에서 새로움을 찾게 도울까

'매일 학교에서 젓가락 한 짝을 잃어버리고 오는데, 숟가락과 젓가락을 묶을 수는 없을까?'라는 생각 때문에 숟가락과 젓가락이 연결된 세트가 상품화되었고, '걸레질과 청소를 한꺼번에 할 수는 없을까?'라는 불편함 때문에 물걸레 청소기가 나왔습니다. '물을 좀 더 빨리 끓일 수 없을까?'라는 생각 때문에 전기 주전자가 나왔고, '볼펜으로 쓴 글씨는 지워지지 않나?'라는 불편함 때문에 지워지는 볼펜이 상품화되었습니다.

불편함은 새로움을 선물로 가져오는 손님일 수 있습니다.

컴퓨터를 많이 치는 사람들은 키보드에 무척 민감합니다. 터치가 부드러운 것을 좋아하는 사람이 있는가 하면, 터치감이 있는 것을 좋아하는 사람이 있습니다. 그래서 다양한 느낌의 키보드들이 상품화되어 있습니다.

최근에는 스마트폰과 연결되는 블루투스 키보드가 많이 사용되고 있습니다. 키보드에 익숙해진 사람들은 스마트폰의 글자판을 치기 불편하다고 느끼기 때문입니다.

불편함은 새로운 것을 만들어내고자 하는 인간의 욕구를 자극합니다.

이렇게 지도해 주세요

■ 의도적으로 불편함을 끌어냅니다.

"얘들아. 이것 진짜 불편하지 않니? 왜 이렇게 잡기가 불편해?"

"괜찮은데요?"

"아니야. 이렇게 잡으면, 뭔가 잡는 맛이 착 있어야 하는데, 이건 잡으면 손가락 끝에 힘을 줘야만 한다고."

HELLO UNIVERSE !!!

2. 창의적 마인드

미래의 변화를 준비하는 인류에게 가장 많이 등장하는 용어가 창의성(creativity)입니다. 그럼에도 불구하고 막상 창의성이라고 하면, 누구나 마음에 확 와닿는 하나의 개념은 없습니다. 어떤 사람은 엉뚱한 생각으로 이해하고, 어떤 사람은 예술과 관련된 능력이라고 이해하기도 합니다.

창의성에 대해 설명하면서 다름과 새로움, 불편함과 새로움, 모방과 새로움을 이야기하였습니다. 많은 학자들이 오랫동안 여러 가지로 시도했지만, 창의성을 단 한 문장으로 정의하기는 쉽지 않습니다. 어쩌면 불가능할 것입니다.

창의성은 개인의 지식과 능력이 눈에 보이는 산출물로 전환되면서 나타나는 것이며, 이 과정에서 일어나는 **사고 처리 과정**입니다. 이 과정에서 개개인의 정서적 특성도 연결되고 환경의 영향력도 작용하게 됩니다. 그래서 창의성의 본질을 이해하려면 다각적인 분석과 접근이 필요합니다.

디자인 싱킹과 창의 공학에 집중하는 만큼 창의적 사고 처리 과정, 창의적 마인드에 중점을 두고 기술하고자 합니다. 창의적 마인드는 하워드 가드너가 《미래를 위한 다섯 가지 마인드》* 중 하나로 정리한 것입니다. 우리가 가져야 할 미래를 위한 마인드 중 하나를 창의적 마인드(creating mind)로 잡았습니다.

그런데 가드너는 특이하게도 창의적 마인드 하나를 설명하고 있지 않습니다. 오히려 창의적 마인드를 이야기하려면 그 전 단계인 **훈련된 마음(disciplined mind)과 종합하는 마음 (synthesizing mind)**을 가져야 한다고 이야기합니다. 훈련된 마음과 종합하는 마음을 토대로 새로운 아이디어를 내고, 독창적으로 문제 제기를 하며, 신선한 사고방식을 창출함으로써 예기치 못한 혁신적인 문제 해결에 이르는 능력이라고 말합니다. 우리가 놓치는 부분이 바로 이 부분이라고 여겨집니다.

* 하워드 가드너의 《미래를 위한 다섯 가지 마인드(Five Minds for the Future)》는 훈련된 마음(disciplined mind), 종합하는 마음(synthesizing mind), 창의적 마음(creating mind), 존중하는 마음(respectful mind), 그리고 윤리적 마음(ethical mind)이다.

우선 '훈련된 마음(disciplinary mind)'은 어느 정도의 정보와 기술이 있어야 함을 의미합니다.

훈련(discipline)이란 '기술 완성을 위한 훈련'이라는 의미로, 자신의 능력을 향상시키기 위하여 끊임없이 노력하여 전문적인 기술들을 연마하는 것입니다. 어느 분야에 속해 있든지 자신이 속한 그 단체의 일원으로서 부족함이 없을 정도로 관련된 지식과 핵심 절차에 대하여 통달해야 한다는 의미입니다.

자동차에 대해 창의적인 생각을 내려면 자동차 운전에 대해서는 능숙한 기술을 가지고 있어야 하겠지요. 자동차 엔진에 대해서도 많이 알고 있어야 하지요. 가드너는 대체로 10년의 훈련이 필요하다고 할 정도로 강조하였습니다.

창의적인 마인드 이전에, 혹은 창의적 마인드와 함께 훈련된 마인드가 필요하다는 주장은 창의성을 새로움으로만 이해하는 사람들에게는 받아들이기 어려운 일일 수 있습니다. 그러나 해당 분야에 대한 지식과 정보, 그리고 기술이 있을 때 참다운 창의성이 발휘됨을 경험으로 보았기에 자신 있게 이야기합니다. 가드너도 **"만약 훈련된 마음을 갖추지 못하면 남의 장단에 춤을 추는 운명이 될 것"**이라고 경고하였습니다.

이는 창의적이면 공부를 안 해도 된다고 생각하는 것이 옳지 않은 이유입니다. 창의적이기만 하면 미래에 잘 살게 될 것이라고 생각하는 것도 옳지 않은 이유입니다. 창의적이기만 하면 다소 예민하고 까칠하고 다른 사람들을 존중하지 않는 성격이라고 선입견을 가지는 것도 옳지 않은 이유입니다.

창의(creativity)라는 것은 아무 것도 없는 것에서 갑자기 뚝 떨어지는 것이 아닙니다. 자기 연구 분야에서 집중적으로 훈련하고 그것을 통합하다 보면 전혀 새로운 창의적인 것이 발견됩니다. 자기 분야에서 혁신적인 것을 창안해 낼 줄 아는 사람만이 환영을 받게 되고 세상을 지배할 수 있습니다. 이렇게 해서 만들어지는 창의물들이 많은 사람들에게 좋은 반응을 일으키고 수용되어 성공을 쟁취하게 되는 것이니까요.

● 하워드 가드너

학교에서 자의 사용법을 가르쳤으나 주의 깊게 배우지 않았던 지호는 미래 도시를 만들면서 선을 똑바로 그리지 못하였습니다. 카드보드지 중간에 아무렇게나 줄을 긋고 대충 그림을 그린 다음, 커터 칼로 오린 후 5cm 테이프로 붙여서 세웠지요. 처음에는 자신의 작품에 대해 스스로 만족하였지만, 그 만족은 곧 불만으로 바뀌었습니다. 지호 눈에도 친구들의 각이 맞는(서로 모서리가 정확히 맞는) 건물과 자기 건물이 비교되었기 때문이지요.

나무젓가락을 적당한 길이로 잘라 서로 십자로 묶어 탄탄하게 대를 만들고, 그 대와 플라스틱 숟가락을 연결하여 소형 투석기를 만드는 활동을 하였습니다. 서준이는 자기 것만 지탱이 안 되고 자꾸 쓰러진다고 교사에게 도움을 요청했는데, 그 순간 친구들은 이미 탄탄하게 세워진 대에 연결한 플라스틱 숟가락 위에 탁구공을 올리고 멀리 날리는 경기를 신나게 하고 있었습니다. 만든 모양들은 서로 달랐지만 나무젓가락을 고무줄로 단단히 묶은 다른 아이들의 투석기와, 나무젓가락을 고무줄로 묶기는 하였으나 대충 묶어 흔들거리는 서준이의 투석기와는 경쟁이 되지 않았습니다. 단순하게 자를 사용하는 것, 그리고 나무젓가락을 십자로 단단히 묶는 것에도 기술이 들어갑니다. 어떻게 하면 나무젓가락을 십자로 단단하게 고정할 수 있을까요?

어느 상황에서나 자신이 생각해 낸 **아이디어에 따라 무엇인가를 창조하기 위해서는 기본적인 기술을 가지고 있어야 합니다.** 그리고 그런 것들이 가드너의 훈련된 마음에 포함되는 내용들입니다.

이렇게 지도해 주세요

- 훈련된 마음을 단기간에 확인할 수는 없지요. 주제가 정해지면 그 주제에 대한 정보들을 알아보게 하시면 좋습니다.
- "각자 투석기의 역사에 대해 조사해 보자." 혹은 "팀을 구성하여 조사해 보자."라고 하세요. 그리고 또 하나, 기술적인 정보에 대해서도 조사를 시키세요. 그러면 어느 정도 도움이 됩니다.

'종합하는 마음(synthesizing mind)'은 융·복합적 관점과 유사합니다.

나무를 보느냐? 숲을 보느냐? 자칫 몰입해서 살피다 보면 나무만을 보게 되는 경우가 있습니다. 숲의 전체적인 조화나 숲 안에서의 역동성(dynamics)을 살피지 못하게 되기도 하지요. 종합하는 마음이란 다양한 출처로부터 정보를 얻고, 그 정보를 객관적으로 이해하고 평가하며, 그것을 자신과 다른 사람이 이해할 수 있는 유익한 정보로 재구성하는 능력을 말합니다. 정보량이 어마어마하게 많은 지금, 꼭 필요한 능력이지요.

자기의 기술을 연마하는 훈련을 하면서 얻게 된 지식들, 학습이나 연구를 통해 얻는 다양한 정보들을 적절하게 통합하는 마음을 의미합니다. 흥미로운 것은 종합적 마음이라고 하지 않고 **종합하는**(synthesizing), 즉 진행형이 붙은 마음이라는 점입니다. 어느 시점에 다 종합하였다고 판단하는 종결점은 없다는 것이며, 항상 종합적 사고를 해야 한다는 의미이지요. 종합하는 마음을 충분히 가진 사람들은 중요한 것과 무시해야 할 것, 관심을 가져야 할 것과 흘려보내야 할 것을 판단하고, 새로운 문제점들을 찾아내기도 합니다.

종합이란 말을 들으면 많은 사람들이 "그거 융·복합 아니야?", "우리 이미 융합 교육과정 하고 있어."라고 말할 수 있습니다. 그럼에도 불구하고 적절한 융합 교육 혹은 융합 복합 교육이 이루어지고 있느냐 하는 부분은 반성해 보아야 합니다. STEAM 교육과정을 검색하면 고민의 흔적보다는 행사의 흔적이 더 많이 보이니까요.

현재 융합이라는 단어가 교육 현장에서 자주 거론되고 있으며, 대입에까지 영향을 주고 있는 것은 사실입니다. 새로운 2015 교육과정은 '융합형' 인재 양성을 위해 고등학교의 문과와 이과 구분을 하지 않도록 바뀌었습니다. 그 대신 모든 학생이 '공통 과목'이라고 불리는 7개 과목을 배우고, 공통 과목을 배운 후에는 '선택 과목' 가운데 원하는 과목을 골라 들을 수 있게 되어 있습니다. 7개의 공통 과목은 국어, 영어, 수학, 한국사를 비롯하여 통합 사회, 통합 과학, 과학 탐구 실험이며 이 과목들은 지금까지와는 달리 '융합형 주제' 중심으로 구성됩니다.(한국일보, 2017. 4. 7.)

융합 혹은 융·복합 연구가 시작되던 시절에 많은 대학교의 교수들은 융·복합 연구를 위해 팀을 만들어 연구하였습니다. 그런데 그들 중 상당 부분은 진정한 융합이 무엇이고, 융·복합이 무엇인가에 대해 합의하지 못하였습니다. 사적인 대화 현장에서는 "더하기와 뭐가 달라?"라는 고민들도 있었지요. 그런 고민들이 확실히 해결되지 않은 상황에서 융합이란 말이 교육 현장으로 들어왔습니다. 그러나 늦었다고 생각되는 때가 가장 **빠른** 것이라고 하니 여기에서라도 다시 정립해 나가 봅시다.

그리고 나서야 창의적 마인드가 나옵니다.
가드너의 창의적 마인드는 무엇일까요?

'창의는 특정 영역에 대한 훈련된 마음과 기술을 가지고,
그 영역에 대한 지식과 기술을 종합하는 관점으로
새로운 것을 생각하거나 새로운 의견을 내는 것입니다.

3. 창의성, 가르칠 수 있다: 창의성을 가르치는 직접적 방법

창의성은 가르칠 수 있을까요? 가지고 태어나는 것이고, 가르칠 수 없는 것일까요? 만약 가르칠 수 없는 것이라면 교육 현장에서 창의성 교육에 대해 이야기할 수 없을 것입니다. 현대 사회에서 창의성의 가치가 주목을 받으면서 거의 대부분의 국가와 문화권에서 창의성이라는 개념에 주목하고 있습니다. 창의성을 교육의 주요 과제로 설정하고 주력을 기울이는 것은 한국만의 특이한 현상이 아니며, 오랫동안 창의성 연구에 매진해 온 미국을 포함한 수많은 국가에서도 보다 효과적인 창의성 교육을 여전히 고민하고 있습니다. 최근에는 유럽 국가에서 얼마나 창의성 교육에 심혈을 기울이고 있는지에 대한 기사들이 연이어 보도되고 있기도 하지요.

❶ 질문을 던지되 답하지 말고, 학생들이 무엇이라고 답하든 그 답을 그대로 둔다

질문이 쉬울까요? 답이 쉬울까요?
자극을 주는 것이 쉬울까요? 제한하는 것이 쉬울까요?

> 질문 < 답
> 자극을 주는 것 < 제한을 주는 것

질문보다 답이 쉽고 자극을 주는 것보다 제한하는 것이 쉽습니다. 답은 찾으면 있으니까요. 하물며 모든 문제집에 교사용 지침서가 붙어 있고, 그 지침서에는 효과적인 설명 방식까지 모두 적혀 있습니다. 학생들에게 자극을 주는 것보다 "안 돼.", "지금은 그런 것을 하는 시간 아니야.", "이 과목과 관련이 있는 질문이니?"라고 제한하는 것이 훨씬 쉽습니다. 아직도 학교에서 '손, 머리'가 통하고 '입~'이 통하는 이유일 것입니다.

학생들을 지도하다 보면 하루에도 여러 번 "기다려.", "조용히 하자.", "조금만 있다가 하자."라는 말을 하게 되시지요? 하루 종일 학생들과 했던 말들을 녹음해 본 적이 있습니다. 정말 많이 하더라고요. 기가 막힐 정도였습니다. 그래서 우리는 창의 교육이 힘들고 디자인 싱킹 교육이 힘들다고 여기게 됩니다. 비교해 봅시다. 우선 질문과 답의 사례를 들어 보지요.

질문	답
• 거미는 곤충이니, 아니니? • 왜 거미가 곤충 같아? • 다른 곤충과 비슷하게 생겼어? • 한번 보여 줄래? • 어떤 점이 비슷하고 어떤 점이 다르니? • 다른 곤충도 한번 볼까? • 그러면 거미는 곤충일까?	거미는 곤충이 아니야. 다리가 여섯 개라야 곤충인데, 거미는 다리가 여덟 개야.
• 과일을 팔 때 싹싹 닦아서 광채를 내는 이유는 뭘까? • 광채를 쓰는 곳은 또 어디가 있어? • 광채를 많이 쓰는 광고를 본 적이 있어? • 그 광고에서는 왜 광채를 사용한 거야? • 과일을 팔 때 싹싹 닦아 광채를 내는 이유를 어떻게(무엇이라고) 알고 있으면 되니?	과일을 팔 때 광채를 내서 올리는 건 싱싱함을 보여 주기 위해서야.

• 어떤 친구 목소리는 아주 멀리에서도 잘 들려. 그렇지? 왜 그런
  거니?
  예전에 일본에 간 적이 있었는데 시장에서 소리치는 여성의
  목소리가 진짜 멀리까지 들리더라고.
• 예전에 다른 통신 수단이 없었을 때는 큰 소리로 전달을 했나?
  궁금하다. 그렇지? 한번 같이 알아봐 주지 않을래?
	파장이 강하고 찌르는 듯한 소리가 멀리 간단다.

질문의 어미가 매우 중요합니다.

'~까?' 형태의 질문은 자칫 학생들에게 정답을 요구하는 질문으로 들릴 수 있습니다. 항상 같이 궁금해 하고, 같이 정답을 찾고자 하는 사람으로서 질문해야 합니다. 즉, 공동 연구자로서 질문해야 한다는 것입니다. 말장난 같지만 "곤충일까?, 아닐까?"의 질문보다는 "곤충이니?, 아니니?"라는 질문이 더 적합한 이유입니다.

사실 위의 표만 보면 교사들은 왜 학생들에게 질문을 해야 하는지, 더 궁금해질 수 있습니다. 그냥 한 문장이면 가르칠 수 있는 것을 왜 질문하고, 왜 그 질문을 다시 비틀고, 도대체 왜, 무엇을 위해서 그렇게 한단 말인가?

이유는 우리가 그들과 평생 같이 살 수는 없기 때문입니다. 말로는 '고기를 잡아 주지 말고, 고기 잡는 법을 가르쳐라.'라고 하지만 그것이 구체적으로 무엇인지 몰랐기 때문입니다. 무엇인가 교사의 머릿속에서 **'그것은~'이라는 말이 나오려고 하면, 나오지 못하게 잡으세요.** 내가 그들과 평생 함께할 수 없기 때문에 여러분들의 염려와 걱정을 잡으셔야 합니다. 고기는 그들보다 내가 훨씬 더 잘 잡는다고 사기를 치지 않으려면 여러분들의 염려와 걱정을 잡으세요. 질문보다 답이 쉽지만 그래도 답 하지 말고 **질문을 하세요.**

이렇게 지도해 주세요

• 하나만 지켜 주셔도 답이 아닌 '질문'이 됩니다.

• 문장의 마지막을 마침표가 아닌 물음표로 하는 것입니다.

• "다리가 여섯 개라야 곤충입니다."가 아니라 "다리가 여섯 개라야 곤충이니?"라고만 하셔도 아이들의 생각은 달라집니다.

❷ 자극을 주되 제한하지 않는다

교사는 교육적으로 가치 있는 자극을 주는 사람이라고 배워 왔고, 그렇게 가르쳐 왔습니다. 지금도 그 신념은 그대로입니다. 아무 자극이나 주는 사람이 아니라 교육적으로 가치 있는 자극을 주는 사람이지요. 그러나 자극을 주되 제한하지 말아야 합니다.

"선생님, 도화지는 몇 장 쓸 수 있어요?"

"응, 두 장."

'설마~'라고 하시겠지만 실제로 교육 현장에서 수도 없이 반복되는 상호 작용입니다. "선생님, 이거 어떻게 해요?", "응, 이렇게 해."라는 방식 말입니다. 훌륭한 교실을 꾸미고 게시판에 교육적으로 가치 있는 자극들을 붙여 두었지만, 학생들의 질문에서 제한(limit)이 그대로 전달됩니다. 학생들은 교사가 제공한 제한 속에서 제한적으로 자라날 수 있기 때문입니다.

질문을 할 수 있는 시간이 있고 할 수 없는 시간이 있다고 제한을 하면 학생들이 편하게 질문하게 될까요? 의견을 이야기해도 좋은 시간이 있고 의견을 이야기하면 안 되는 시간이 있다고 제한을 둔다면 학생들이 쉽고 편안하게 이야기하게 될까요? 맘대로 해도 되는 시간이 있고 맘대로 하면 안 되는 시간이 있다고 제한을 둔다면 학생들은 어떻게 느낄까요? 재미있는 생각을 해 보라고 해서 재미있는 생각을 했는데 그것은 안 된다고 하면, 다시는 재미있는 생각을 안 하고 싶지 않을까요?

물론 단체로 교육할 때 아무런 제한이나 통제 없이 교육할 수는 없습니다. 그러나 제한을 이야기하기 전에 자극에 대해 좀 더 깊이 이야기하고자 합니다. 어떤 자극을 준다는 말일까요?

자극의 종류를 나열하자면 수도 없이 많겠지만, 크게 물적 자극과 인적 자극, 그리고 정보 자극에 대해 이야기해 보겠습니다. 물적 자극은 실물로 상징되는 자극으로 정의되고, 인적 자극은 사람이 줄 수 있는 자극 즉, 인물 자체가 주는 자극으로 정의됩니다. 정보 자극은 책이나 인터넷 등을 통해 주게 되는 자극으로 정의됩니다.

(1) 물적 자극은 실물로 상징되는 자극들입니다

물적 자극은 실물로 상징되는 자극으로 정의됩니다. 각종 재료, 교수 매체, 사물, 가구, 식품, 의류 등 실물은 무엇이든 학생들에게 자극이 됩니다.

교사는 상황에 맞게 물적 자극을 주기 위해, **교사 스스로도 평소에 호기심을 가지고 사물을 보면 좋습니다.** 토목에 관심을 갖는 학생들이 '다리 건축'에 대해 관심을 가진다면 출근길에 보았던 다리 공사 구간이 떠오를 수 있습니다. 도시의 스카이라인에 대해 활동하다가 문득 도시 전체가 보였던 남산의 어느 장소가 생각날 수도 있습니다. 홍대 입구 즈음의 길거리 좌판에서 보았던 아이디어 상품이 학생들의 '이동(movement)'에 대한 아이디어에 자극이 될 수도 있고, 텔레비전 프로그램에서 보았던 한 아저씨의 수제 자전거가 도움이 될 수도 있습니다.

전라남도 장흥에서 공학을 이용해 특별한 자전거를 만들고 있는 어느 장인의 페이스 북이 계기가 되어 그 분을 영상으로 만날 수도 있고, 교사 혼자 우연히 찾아갔던 박물관이나 미술관의 팸플릿이 자극이 될 수 있습니다. 다양한 공구들이 자극이 될 수도 있고, 여행 중 우연히 구입한 특정 국가의 문화용품이 자극이 될 수도 있습니다.

그래서 교사들은 길을 걸을 때 산만합니다. 남이 버린 가구나 재활용품, 새로 바뀐 간판, 다이소 등에서 본 아이디어 상품도 교사에게는 모두 교수 매체가 되고 학생들에게는 모두 가치 있는 자극이 됩니다. 망치도, 드릴도, 펜치도, 그리고 가죽을 자르는 가위나 가죽에 무늬를 내는 도구도 학생들에게는 모두 자극이 됩니다.

다행인 것은 우리나라에서 구하지 못하는 재료들은 거의 없다는 것이지요. '언젠가 보았던 특정 모양의 나무 조각'을 구하려면 남대문 시장에 가면 되고, '어릴 때 만들기에 썼던 굵은 고무줄'도 문구점이나 공예품 파는 가게에 가면 볼 수 있습니다. 요즘은 특히 대형 공구점들이 곳곳에 있어서 이름도 모르고 보지도 못했던 각종 공구들이 우리의 관심을 끌지요.

학생들의 손에 **특별한 공구나 도구를 쥐어 주는 순간 그들의 창의력은 날개를 달기 때문에** 교사는 항상 어디에서나 호기심을 갖고 찾게 됩니다. 호기심만 가지고 계시면 됩니다. 우리나라처럼 인터넷 쇼핑몰이 발달되어 있는 나라가 없으니, 걱정이 없습니다.

- 지금 현재 이 책을 읽고 있는 장소에서 눈을 들어 주변을 360도 둘러봅시다. 그리고 자극이 되는 물건들을 찾아봅시다.
  - 무엇이 보이나요?
  - 어떤 특성이 있는 물건인가요?

(2) 인적 자극은 사람이 주는 자극들입니다

사람에게 사람이 주는 자극이란 정말 얼마나 큰가요? 어릴 때 만난 특별한 선생님과의 추억은 학생들로 하여금 '나도 선생님이 되어야지.'라는 어렴풋한 소망을 가지게 하지 않았나요? 반면에 한 선생님이 특정 학생을 무시하거나, 오해를 하거나, 억울하게 한다면 그 학생은 아마도 평생 그 선생님을 잊지 못하고 마음에 억울함이나 분노를 가지고 있게 될지도 모릅니다. 사람이 사람에게 주는 기쁨이 얼마나 대단한가요? 사람이 사람에게 주는 상처 또한 얼마나 대단한가요?

인적 자극!
사람도 자극이 됩니다.

학생들은 계속 성장하는 존재들입니다. 그래서 지지와 온화함을 보내고 칭찬을 해 주는 경우 학생들은 신이 나고 더욱 성장하고 싶어 합니다. 만약 학생들이 어떤 성취를 해냈는데 선생님이 아무런 인정도 해 주지 않고 쳐다보지도 않는다면, 학생들은 신이 나지 않고 더 해 보고 싶은 의욕이나 동기도 생기지 않을 것입니다. 우선 사람이 줄 수 있는 자극 중 가장 중요한 자극은 이런 것입니다.

인적 자극은 또한 선생님들이 교육적 목적을 가지고 하는 상호 작용, 눈짓, 몸짓입니다. "선생님, 제가 이거 진짜 어려운 문제인데 풀었어요."라고 하면 "와, 멋지다."라고 칭찬할 수도 있지만, "그래? 어떻게 풀었는지 이야기해 봐. 난 아직 못 풀었거든."이라고 할 수도 있습니다. "선생님"이라고 부를 때 "응, 그래."라고 답할 수도 있지만, 학생의 목소리 특성에 따리 몸짓을 달리할 수도 있습니다. 교사는 그 자체로 교수 매체이기 때문입니다.

교사는 그 자체로 교수 매체입니다.

성함은 기억나지 않지만 얼굴은 기억나는 어린 시절의 유치원 선생님들, 따뜻하게 머리를 쓰다듬어 주시고 한껏 웃으시던 모습은 지금도 그저 따뜻하게 기억이 됩니다. 심하게 야단치셨지만 "좀 더! 좀 더!"를 말씀하셨던 초등학교 때와 중학교 1학년 때 만난 음악 선생님들은 "아, 나도 크면 뭔가 될 수는 있나 보다."를 알게 해 주셨던 것 같습니다. 입시와 관련된 것도 아니었는데 "선생님한테 와 볼래?"하고 부르신 후 괜찮으냐고 물어 봐 주시거나 칭찬해 주셨던 선생님들이 계십니다. 역시 성함도 제대로 기억이 나지 않고 한 분은 벌써 돌아가셔서 인사를 드리지 못하지만, 아직까지도 마음 깊이 감사드리고 있습니다.

교사가 자신이 인적 자극임을 알지 못하면 교실은 그저 하나의 공간이 됩니다. 어차피 표준 교과가 있으니 교과서를 펴고 교사 지침서에 적힌 대로 수업이 될 수도 있습니다. 모델링(Modeling)도 인적 자극이 됩니다. 우리나라 사람들은 정치가가 아니면 '닮고 싶어요.'라는 말을 들으면 무척 수줍어합니다. 간혹 학생들에게 복창을 시킬 때가 있습니다.

<blockquote>
❝

내가 제일 잘났어!

❞
</blockquote>

이 글을 읽는 몇몇 분들은 왜 아이들에게 그런 교만(?)을 가르치는지 궁금해 하실 수 있습니다. 학생들을 대상으로 대회를 열고 경기 등을 하다 보면 알게 되는 것이 있습니다. 정말 많은 학생들에게서 나오는 현상이지요.

예를 들어 종이비행기 대회라고 해 봅시다. 연습 시간을 줍니다. 연습 시간에 두각을 나타내는 학생들이 있지요. 종이비행기를 세계 기록 정도로 날리는 아이들도 있습니다. 현재 종이비행기 대회의 세계 기록은 69.4m입니다. 그 정도로 멀리 날리는 친구들이 있지요.

그런데 **막상 경기가 시작되면 긴장을 해서 결과가 나오지 않습니다.** "시작~" 소리와 함께 어깨에 힘이 들어가고, 그래서 어깨가 돌아가 버립니다. 크게 긴장하지 않아도 되는 대회임에도 불구하고 긴장해서 어깨가 돌아갑니다. 멀리 날리던 친구들이 날린 비행기가 바로 코앞에 떨어지는 해프닝이 벌어지지요. 아니 해프닝이 아니라, 거의 대부분 그렇습니다. 정말 안타까운 일이지요.

(3) 인적 자극에는 모델에게서 오는 자극도 있습니다

다음으로 모델에 의한 인적 자극입니다. 바라보고, 그를 닮아 성장하고 싶은 모델이지요. 대체로 '위인'이라고 하면 이미 돌아가신 예전 분들을 말합니다. 세종대왕도 우리 모두에게 위인이고 이순신 장군도 위인이지요. 그러나 시대가 다르고 상황이 다르다 보니 그분들로부터 배운 것이 지금 자라나는 개인들의 성장에 도움이 되는 부분은 극히 제한적일 수밖에 없습니다.

모델은 닮아 가고 싶은 사람이기도 하고 닮을 수 있는 사람일 수도 있습니다. 두 사람, 앨런 머스크(Elon Musk)와 조너선 아이브(Jonathan Paul Ive)의 예를 들어 보겠습니다.

앨런 머스크(Elon Musk)

우리들에게 아이언맨의 모티브로 알려져 있는 앨런 머스크는 실제로 영화 '아이언맨'에 출연하기도 하였습니다. 1971년에 태어난 앨런 머스크는 어릴 때부터 지구를 구하겠다고 꿈을 키웠고, 그 꿈을 키우기 위해 하루에 10시간 이상 책을 읽어 책벌레라는 별명을 가지고 있었습니다. 모형 로켓을 만드는 것에도 취미를 가지고 있었지요.

● 아이언맨의 모티브가 된 앨런 머스크

성공한 기업가이기도 한 머스크는 'Paypal'의 전신인 온라인 결제 서비스 회사 'x.com', 그리고 로켓 제조 회사 겸 민간 우주 기업 '스페이스 X'를 창업하였고, 전기 자동차 회사 '테슬라'의 CEO이기도 하니 그것만으로도 대단하지요. 하지만 그는 지금도 여전히 지구를 구하겠다는 꿈을 키우고 있습니다.

이제 그만 꿈을 접고 편안하게 살아도 되지 않을까요? 그러나 그는 지금도 자신의 모든 것을 걸고 지구 구원과 화성 탐사를 실험하고 있습니다. 멋있는 일입니다. 가장 기억에 남는 말은 자신을 소개할 때 '어릴 때 그랬던 것처럼 지금도 엔지니어'라고 소개한다는 점입니다.

● ●

조너선 아이브(Jonathan Paul Ive)

1967년생인 조너선 폴 아이브는 현재 애플의 최고 디자인 책임자입니다. 산업 디자인을 전공한 아이브는 놀랍게도 컴맹이었고 난독증이 있었어요. 특히 그가 컴맹이었다는 사실은 모두가 알고 있는 사실이었지요. 그런데 어느 날 그가 맥(Mac)을 만났고, 운명처럼 맥에 빠져 들었답니다. 유명한 사람들은 실패도, 힘든 시기도 없었을 것이라고 우리는 쉽게 오해를 합니다. 아

● 조너선 아이브

이브는 애플에 취직한 후에도 수없이 많은 실패를 하였고 인정도 받지 못했습니다. 대부분의 몰입형 인간들이 그러하듯, 그럼에도 불구하고 디자인이 제품 설계의 중심에 서야 함을 강력하게 이야기하고 디자인 개발에 힘을 쏟았습니다.

그의 디자인 키워드는 '미니멀리즘'입니다. 자신의 방에는 아무도 들어오지 못하게 할 정도로 수줍음이 많은 사람이었지만, 어쩌면 그런 성향 때문에 미니멀리즘이 개발되었는지도 모릅니다.

스큐어모피즘(skeuomorphism)과 미니멀리즘(minimalism)

스큐어모피즘은 대상을 원래 그대로의 모습으로 즉, 사실적으로 표현하는 디자인 기법으로 3차원적이고 사실주의적입니다. 상당수의 소프트웨어가 스큐어모피즘 디자인을 사용하지만 불필요한 디자인 요소가 많고 복잡하여 대상의 핵심을 빨리 파악하기 어렵습니다. 하지만 스티브 잡스의 사망 전까지는 애플도 스큐어모피즘으로 디자인이 이루어졌습니다.

● 스큐어모피즘 디자인

↓ 미니멀리즘

이에 비해 미니멀리즘은 최소한의 요소만을 사용하여 본질을 표현하는 예술 사조입니다. 모든 기교를 지양하고 근본적인 것을 표현하는 기법으로 최근 'MUJI'의 콘셉트도 그렇고, 아이폰의 콘셉트도 미니멀리즘입니다.

(4) 정보 자극은 창의적인 프로젝트 수업을 하려고 할 때 좋은 자극이 됩니다

인터넷 검색 정보가 도움이 됩니다.

지금은 정보가 넘쳐나는 시대이고 책이나 강의, 온라인, 인터넷 등을 통해 접할 수 있는 정보가 너무나 많습니다. 여러 가지 문제점도 있고 적절한 자극을 찾는 것은 힘들지만, 그래도 정보는 분명히 자극입니다. 특히 디자인 싱킹을 통해 창의 공학을 열어 가려면 많은 정보들이 필요한 것도 사실이지요.

그러나 아무 정보나 자극이 되는 것은 아닙니다. 제대로 된 정보가 도움이 됩니다. 그런데 제대로 된 정보는 어떻게 접해야 할까요? 정보는 가능하면 '**글로벌 사이트(global site)에서 접하는 것**'이 좋습니다. 세계 어느 나라에서나 통용되거나 정보화 되는 것들을 접하는 것이 좋기 때문입니다.

국내 사이트에서 기사 형식으로 나온 간단한 정보로는 정보 능력을 높일 수 없습니다. 또한, 국내 사이트의 화면에는 부적절한 정보들(예 광고물)이 너무 많습니다. 그러니 글로벌 사이트를 많이 이용하도록 합시다.

예를 들어 '간식'을 우리나라 사이트에서 검색하면 우리가 잘 알고 있는 간식들만 검색되겠지요. 하지만 자동 번역기를 이용해서라도 중국의 바이두(www.baidu.com) 검색 엔진에서 검색하면 전혀 다른 간식거리들이 나옵니다. 스페인어로 찾으면 남부 유럽의 간식들과 남미의 간식들이 나타납니다. 아이들이 보다 넓고 다양한 시각, 세상의 다양성을 배워나가기 위해서는 글로벌 사이트를 활용해야 합니다.

이렇게 지도해 주세요

■ "검색하고 싶은 것이 있니?"
　• 우리나라 사이트에 들어가서 검색어를 치고 뒤에 '영어' 또는 '중국어' 등으로 검색을 해 보렴.
　• 나오는 단어를 복사해서 글로벌 사이트에 붙여 넣어 검색을 해 보렴.
　• 글이 편한 친구는 글로 검색한 후 '번역'을 눌러 내용을 보고, 이미지가 편한 친구는 이미지를 검색해서 보면 된단다.

검색할 때에는 복수의 자료들을 검색하여 그것들을 끊임없이 검증해야 합니다. 앞서 언급했던 쓰레기 처리 비용 사례처럼 검증된 자료를 얻기 위해서는 한번의 검색으로 끝낼 것이 아니라, 여러 번 검색하고 서로 비교하여 공신력 있는 자료를 선별해야 합니다.

계속된 검색은 새로운 정보를 추가하여 지식을 확장시키는 기능도 가지고 있습니다. 검색 엔진은 우리가 원하고 필요로 하는 지식을 쉽게 찾을 수 있도록 도와주지만, 모든 내용들이 웹 사이트 검색의 처음 한두 화면에 걸려져서 나오는 것은 아닙니다. 예를 들어 요즘 영화에서는 검사들이 서로를 '김 검사, 이 검사'라고 부르지 않고 '김 프로, 이 프로'라고 부릅니다. 밖에서 서로의 직위를 부르는 것이 부담스럽기 때문에 골프 선수를 빗대어 표현한 것입니다.

이런 사실들은 '검사의 생활'로 검색할 경우 처음에는 검색되지 않고 100쪽을 넘어갈 때 즈음에 서로에 대한 칭호가 나오면서 등장하는 내용들입니다. 하나의 주제를 정하고 올바른 검색 알고리즘을 정했으면 **최대한 많은 자료들을 얻어야 하는 이유입니다.**

(5) 역사에서 오는 정보는 마치 역사 영화를 보듯이 흥미롭습니다

"역사에서 디자인 싱킹과 창의 공학과 관련된 정보, 미래와 관련된 정보를 얻는 것이 가능할까?"라는 의문을 가질 수 있습니다. 두 가지 측면에서 역사에서 오는 정보를 참고할 수 있습니다. 하나는 **시대적 유행**에 대한 이해입니다. 사람들의 관심도 유행이 있는 것 같습니다. 누군가가 최초로 무엇을 만들었다고 하면 동시대에 같은 관심을 가지고 같은 발견이나 발명을 한 사람이 있습니다. 누가 진실로 최초인지를 가려야 하는 법적 소송까지 간 경우도 있었지요.

예를 들어 뉴턴과 라이프니츠는 거의 동시에 미적분법을 발견하였습니다. 전화기는 벨이 발명한 것으로 알고 있지만, 그레이도 비슷한 시기에 발명하여 특허권을 두고 역사적인 법적 소송을 벌였습니다. 그러니 우리가 지금 어떤 관심을 가졌다고 할 때, 누군가는 나와 비슷한 생각을 가질 수 있다는 것을 알아야 합니다. 저작권과 특허권이 있는 시대이므로 자칫 문제가 될 수 있습니다.

두 번째로 **역사에서 오는 정보는 과정을 알아야 합니다.** 전화기가 발명되었으나 그것이 끝이 아니었습니다. 최초의 전화기를 보고 누군가는 거기에 새로운 아이디어를 얹어 만들고, 또 새롭게 만들고, 이런 과정을 거듭해서 오늘날의 스마트폰이 되었겠지요. 그러니 우리가 생각하는 문제 해결 방법이나 전략과 유사한 것이 역사 속에서 있었는지 찾고, 거기에서 출발해 보는 것도 좋습니다.

이렇게 지도해 주세요

■ 학생들이 검색에 익숙해지면
- '최초의 OOO' 또는 'OOO의 역사'로 검색을 하도록 지도합니다.
- 글로벌 사이트에 들어가서 'the history of OOO' 또는 'the first OOO'으로 검색해 보도록 지도합니다.

로켓에 대해 알아볼까요? 로켓의 시초는 무엇일까요?

로켓의 시초는 중국에서 11세기 초에 발명되었다고 전해지고 있지만, 그 누구보다 로켓에 관련된 원리를 정리하여 '로켓의 아버지'라고 불리는 사람은 콘스탄틴 치올코프스키(Tsiolkovsky)입니다. 공기보다 무거운 물건을 어떻게 비행시키느냐에 관심을 두고 수학적 계산으로 이를 해냈습니다. 역사적 정보를 아는 것은 여러분에게 힘이 됩니다.

(6) 기술적 정보는 실제로 모형을 만들 때 많은 도움이 됩니다

디자인 싱킹과 창의 공학을 위해 기술적 정보들이 필요합니다. 순서도에 맞추어 그냥 만드는 것이 아니라, 여기에 어떤 기술이 적용되었는지를 아는 것이 미래 인재로 크는 데 도움이 됩니다. 단지 키트로 제공된 것들을 별 생각 없이 연결만 한다면 여러분이 투자한 시간과 노력들의 의미가 없습니다.

우선은 **종류에 대한 혹은 유형에 대한 정보**를 얻을 수 있습니다. 어떤 종류와 어떤 유형이 있는지, 언제 어떤 상황에서 어떤 기준으로 선택하게 되는지 등의 정보를 알아봅니다. 트러스교(Truss Bridge)의 예를 들어 보겠습니다. 모양에 따라, 힘에 따라 이름이 다릅니다. 학생들에게 모양이 다른 이유를 조사하도록 하는 것도 좋은 방법입니다.

다음으로는 **원리에 대한 정보**입니다. 어떤 힘으로 움직이는지에 대한 원리 정보입니다. 원리를 알고 나면 나만의 디자인을 만들고 나만의 작품을 만들 때 실수를 줄일 수 있고, 문제가 생길 때 보다 빨리 문제를 해결할 수 있습니다.

역시 학생들이 조사해서 활동할 수 있도록 하면 좋겠습니다.

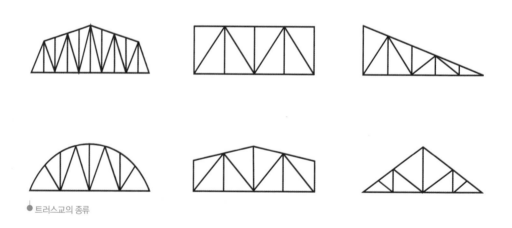

●트러스교의 종류

❸ 교육하되 바쁘지 마라

교사가 바쁘면 안 됩니다. 한가함, 나태함, 게으름 등의 단어들은 일반적인 직업 현장에서는 회자되지 않습니다. 오히려 부정적 평가를 할 때 회자되지요. 하지만 학생들에 대한 애정과 학생들에게 실제로 필요한 것들을 교육하겠다는 생각을 가지고 디자인 싱킹과 창의 공학을 하겠다는 교사는 절대로 **'교육하되 바쁘지 마라.'**를 기억해야 합니다. 표준 교과 내용을 교사 주도적으로 암기시키는 교육이 아니라, 학생들이 주도적으로 학습할 수 있도록 지도하겠다고 생각한다면 바쁘면 안 됩니다. 바쁘면 창의적인 마인드가 생기지 않습니다. 경험상 정말 100% 정확한 사실입니다.

한 시간 수업을 마치면 바로 수업 계획안을 짜야 하고, 수업 계획안을 짜고 나면 교사 회의가 있고, 곧 있을 교내 대회를 준비하기 위해 환경 구성을 해야 하지요. 그러면 저녁 시간이 됩니다. 이제 겨우 혼자 일할 수 있기 때문에 학생들이 낸 과제물을 평가하고 시험 성적을 내는 일을 하다가 쓰러져 잠이 들면 다음 날 아침입니다. 다시 부랴부랴 출근 준비를 해서 출근을 하고, 수업을 하고, 잠시 후면 학생에 대한 평가를 보고해야 하고, 학교 내에서 맡은 임무를 위해 기록지를 내야 하지요.

교사들의 목소리가 들리는 듯합니다. "어, 그거 내 이야기인데?"

정말 우리나라의 교육 현장은 교사들을 위해서라도 변해야 합니다. 도대체 문서를 위한 문서는 언제까지 내야 하며, 학생 주도적으로 해야 한다면서 무슨 교육 계획은 그리도 짜 대는지. 교육 계획을 짜다가 지치면 아이들이 어떤 질문이나 요구를 해도 그냥 짜여진 대로 하고 싶어집니다. 그리고 그런 일상이 계속 되면 초임 교사가 경력 교사보다 훌륭해지기는 정말 힘이 듭니다. 차이가 있겠지만 경력 교사라고 해서 교육의 질이 무조건 높은 것은 아닙니다. 심하게 이야기하면 더 힘들겠지요.

교사로서 교육 경험이 쌓이고 교육을 기술적으로 잘하게 된다고 해서 질(quality)을 보장하는 것은 아닙니다. 안타깝게도 경력이 쌓이면서 교사로서의 성장을 멈춘 교사들을 너무나 많이 만나 보게 되었습니다. 더구나 나름 현장 경험이 있다는 교사들은 말끝마다 "현장 경험이~"라고 말하기도 하지요. 대학원 수업을 하거나 교사들 교육을 할 때, "현장 경험이~"라고 하면 그 용어를 못 쓰게 합니다. 현장 경험 자체는 아무 것도 아니기 때문입니다. 현장 경험이 교사의 반성적 사고를 통해 질적인 내용이 되고, 그 현장 경험으로 인해 더욱 학생들을 객관적이고 중립적으로 정확히 보게 되며, 그 현장 경험에 학술적인 교류가 덧붙여져 완성될 때라야 힘을 발휘하게 되니까요. 그저 '현장 경험'으로는 아무 것도 설명하지 못합니다. **스스로 체크해 보세요. 얼마나 한가할 수 있으신가요?**

인생을 살면서 어떤 도전을 받은 적이 있습니다. 라디오에서 워커홀릭(workaholic)에 대해 이야기하면서 단 30분이라도 아무 것도 안 하고 앉아 있을 수 있냐고 묻습니다. 혹시 내가 일 중독 즉, 워커홀릭이 아닌가 염려하던 때였으므로 해 보았습니다. 그런데 앉아 있을 수가 없었습니다. 5분, 아니 2분도 못 앉아 있었습니다. 아무 것도 하지 않고 앉아 있을 수가 없었지요. 앉자마자 "어, 나 그거 해야 하는데~", "어, 내가 그거 가지고 왔나?"라는 걱정들이 머리에 파도처럼 밀려왔기 때문입니다. 결국 2분도 못 채우고 일어났습니다. 그래서 그 때부터 '연습'을 했습니다. 2분, 3분, 5분, 10분……. 지금은 아주 잘 앉아 있습니다.

> 5분, 아니 2분도 못 앉아 있었다.
> 아무 것도 하지 않고 앉아 있을 수가 없었다.
> 결국 나는 2분도 못 채우고 일어났다.

독자들도 한번쯤 해 보시기 바랍니다. 교육하되 바쁘지 말라는 이야기는 머리로 들으면 안 됩니다. 실제로 한가할 수 있나요? 그래서 하늘도 볼 수 있고, 하늘을 나는 새들에게 말을 걸 수 있나요? 지나가는 사람의 발걸음이나 어린 아이의 수줍은 표정도 보고, 자동차의 엔진 소리나 카페의 커피 내리는 소리도 듣고, 사람들의 키보드 치는 소리와 시원하게 불어오는 바람도 감성으로 느끼고, 숨도 한번 크게 들이마시며 가슴 깊이 들려오는 긍정의 소리를 들을 수 있는지 한번 시험해 보세요.

불끈불끈 "아닌데~ 오늘까지 그거 해야 하는데~"라는 생각이 들면 우리 한번 이야기해 보아요. 오늘 그 일을 안 한다고 해서 나의 교사 생활이 끝나는 것은 아니니까 말이지요. 오히려 오늘 그 일을 하고, 내가 어떤 교사가 되고 있는지 모르는 채 하루를 보내는 것보다 나을 테니까요.

이렇게 지도해 주세요

- 예전에는 학교에서 많이 했던 활동입니다.
  - 힐링이 되는 음악을 틀고 학생들에게 눈을 감으라고 합니다.
  - 잠을 자든, 생각을 하든 자유이지만 눈을 감고 음악에 집중해 보라고 하는 겁니다. 그리고 그 시간에 교사도(눈을 감을 수는 없겠지만) 음악에 집중해서 힐링을 해 보는 것이 좋겠지요.
    - "창의 활동에 이런 것이 왜 필요해?"라고 물으실 수 있습니다. 창의 활동 이전에 정적인 힐링 시간을 갖기를 권합니다.

교사로서의 모습을 다시 생각해 보고 싶을 때는 '처음으로 돌아가 보세요.'

사람들은 그것을 초심이라고 하고, 여기에서는 그것을 첫사랑이라고 부르고 싶습니다. 교사로서 살기로 결심할 때의 그 설레고 가슴 뭉클함. 처음 교생 실습을 나갔을 때 학생들이 "선생님, 진짜 좋아요."라고 고백이라도 하면 "와, 내가 정말 교사가 잘 되었구나." 했던 그 첫사랑 말입니다. 부임 첫 해에 제자를 만날 때 가졌던 그 마음 말입니다. 첫 해의 제자는 아무도 못 잊는다고 합니다. 교사로서의 열정과 사랑을 그대로 간직한 채 보는 학생들이라서 말이지요. 한 명, 한 명의 특성이 모두 다 보이고 퇴근 후에도 학생들을 위해 고민하고 준비하였던 그 마음을 첫사랑이라고 하지 않으면 무엇이라고 하겠어요?

교사로서 너무 바쁘게 일하고 있다고 하면 제발 이틀이라도(하루는 절대로 안 됩니다.) 쉬면서 그 첫사랑을 기억해 보세요. 교사 생활에 너무 찌들어 있어서 기억이 나지 않는다면, 어린 시절 교사가 되기로 결심하였을 때의 수첩이나 메모를 다시 보세요. 그리고 나 자신을 스스로 사랑해 보세요.

대단원 마무리

❶ 창의란, 새로운 의견을 생각하거나 의견을 내는 것, 혹은 새로운 생각 그 자체입니다.

❷ 새로움은 모방을 하면서 그 안에서 새로운 아이디어를 추가해 생각날 수 있습니다. 또한, 다름을 경험하면서도 생각날 수 있고, 마지막으로 불편함에서도 생각날 수 있습니다.

❸ 하워드 가드너는 창의적 마음 이전에 두 가지 마음이 있어야 한다고 하였습니다. 그 두 가지는 훈련된 마음(disciplined mind)과 종합하는 마음(synthesizing mind)입니다.

❹ Ⅱ 단원에서 우리는 세 가지 종류의 자극에 대해 이야기하였습니다. 그 세 가지 자극은 물적 자극, 인적 자극, 그리고 정보 자극이었습니다.

1) 물적 자극은 크게 환경 자극과 재료가 주는 물적 자극입니다.
2) 인적 자극은 선생님에게서 오는 자극과 또래에게서 오는 자극, 그리고 모델에게서 오는 자극입니다.
3) 정보 자극은 인터넷 검색 정보, 역사에서 오는 정보, 그리고 기술적 정보입니다.

❺ 어떤 기술이 적용되었는지를 아는 것은 기술적 정보입니다. 기술적 정보는 첫 번째로는 종류나 유형에 대한 정보이고, 두 번째로는 원리에 대한 정보입니다.

3

생각하다:
이제는 디자인 싱킹 시대

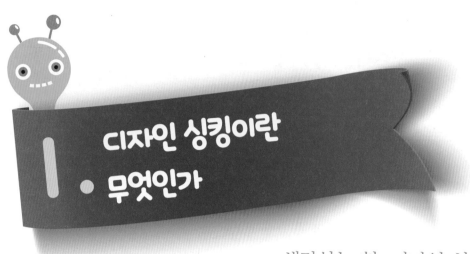

디자인 싱킹이란 무엇인가

생각하는 힘, 디자인 싱킹!

우선 싱킹(thinking), 즉 생각하기에 대해 알아봅시다.

'생각하다'의 국어사전적 정의는 사물을 헤아리고 판단하는 것, 그리고 어떤 사람이나 사물에 대해 기억하거나 관심을 가지는 것입니다. 유의어로 '구상하다', '궁리하다' 등이 있습니다. '생각 좀 하고 움직여라.'고 한다면 좀 더 신중하라는 의미로 통하고, '생각 없는 사람'이라는 말 역시 신중하지 못한 사람을 의미하는 것이기도 합니다. '생각 좀 하고 살아라.'라는 말로 혼난 기억도 있을 수 있습니다.

디자인(design)이란 무엇일까요?

디자인은 의상이나 공예품, 공업 제품, 건축 등에서 실용적 목적을 가진 작품의 설계나 도안을 의미합니다. 유사어로는 '설계'를 들 수 있습니다. 디자인과 싱킹의 합의어로 보자면 무엇이 되었든 **실용적 목적을 가진 작품의 설계나 도안을 하기 위해, 그리고 실제 문제 해결을 위해 관심을 가지고 헤아려서 판단하는 것**으로 정리할 수 있습니다.

디자인 싱킹을 통해 나오는 아이디어들은 마치 디자이너의 마음처럼 '사람들의 요구', '사람들의 평가', '사람들의 선호' 등을 염두에 두어야 합니다. 사람들의 요구나 평가, 선호 등을 놓치면 아무리 좋은 아이디어라도 현실적이고, 타당하고, 적절한 문제 해결 방안이 될 수 없기 때문입니다.

그래서 **디자인 싱킹을 처음 접하거나 익숙하지 않은 학생들과 시작할 때는 '불편함'에서 비롯된 것으로 주제를 잡는 것이 좋습니다.** 내 이야기이기도 하고 친구의 이야기이기도 하기 때문입니다.

예를 들어 '비 오는 날 가방도 들고, 스마트폰도 들고, 우산도 들기 힘들다.'는 문제를 제기하면, 모든 학생들은 자신의 경험이기도 하고, 친구의 경험이기도 해서 비교적 구체적이고 현실적으로 해결 방법을 찾으려고 노력하게 됩니다. 자연스럽게 사람들의 요구나 평가, 선호 등을 고려하는 디자인 싱킹을 하는 것이 가능해지지요.

2. 디자인 싱킹의 필요조건들

1 디자인 싱킹에는 '무엇'이 있어야 한다

디자인 싱킹에는 '무엇'이 있어야 합니다. 디자인 싱킹을 그저 막연히 '생각해 보자.' 또는 '아이디어를 내 보자.' 하는 것이라고 이해하시면 안 됩니다. 디자인 싱킹에는 '무엇'이 있어야 합니다. 그리고 그 '무엇'에 대해 교사는 공동 연구자로서 정보를 모으고, 지식을 구하고, 매체도 구해야 합니다. 대한 민국의 교사들은 너무 바빠서 이 지침서가 선생님들의 그런 수고를 덜어 드리고자 합니다.

디자인 싱킹의 '무엇'은 다음과 같은 기준을 가집니다.

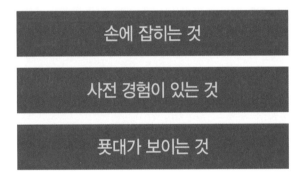

손에 잡히는 것

사전 경험이 있는 것

푯대가 보이는 것

❶ 손에 잡히는 것

디자인 싱킹이 잘 이루어지려면 '손에 잡히는 것'이 주제인 것이 좋습니다. 실물이 있거나 직접 가서 볼 수 있는 것, 다른 말로 하면 만질 수 있는 것이 주제로 잡는 것이 좋습니다. **구체적인 것이 좋습니다.** 잘 몰랐던 부분이라 하더라도 박물관에 가서 확인할 수 있거나, 주변에서 쉽게 구할 수 있거나, 찾아가 볼 수 있는 것이면 좋겠습니다.

그러면 훨씬 생각의 과정이 쉬워지기 때문입니다. 손에 잡히는 것으로 주제를 잡는 것이 첫 번째 기준인 이유입니다.

❷ 사전 경험이 있는 것

사전 경험이 있는 것을 주제로 정하면 좋습니다. 인간은 누구나 자신이 어느 정도 알고 있는 것, 자신이 친숙한 것을 생각할 때 보다 쉽게, 보다 자신감을 가지고 생각할 수 있기 때문입니다.

만약 지금 누군가가 나에게 "인공 지능 없이 의사들의 오진율을 줄이는 방법에 대해 알아봅시다."라고 하면, 뭐 하기야 하겠지만 왜 내가 그것을 연구해야 하는지 그 궁금증부터 생기게 될 것입니다. 더구나 학생들은 아직 디자인 싱킹에 대해 두려움과 어색함이 있는데, "의사들의 오진율을 줄이려면 어떻게 해야 할지 생각해 보라."고 하면 "아~ 왜요?"라고 하게 되어 있지요. 반면 쓰레기에 대해서 디자인 싱킹 활동을 하면 각종 경험들이 나옵니다. **사전 경험을 공유하고 거기에서 시작하니까 활동이 훨씬 쉬워지겠지요.**

❸ 푯대가 보이는 것

익숙한 용어로 바꾸어 표현하면 목표가 있는 것, 또는 목표가 보이는 것이라고 할 수 있습니다. 나아갈 방향이 보이는 것이지요. '아, 이렇게 하면 저기에 도달하겠구나.'라고 표현할 수 있는 느낌이지요.

푯대가 보이지 않으면 지도하는 교사도 힘이 듭니다. 그래서 이 책에서는 교사가 사용할 실전용 매뉴얼을 제공하게 되었습니다. 그리고 그 매뉴얼에서는 매 주제의 처음에 과정(process)을 이미지화하여 제시합니다.

이렇게 지도해 주세요

- 프로젝트 수업을 하면서 주제를 잡기가 어렵다고 생각하신 적이 있으시지요?
- 그런데 주제는 오히려 선생님들의 수업을 도와주는 존재입니다. 주제가 추상적이거나 너무 광범위한 주제를 잡는 경우에는 선생님들께서 몹시 힘이 드실 것입니다.
- 따라서 여기에 제시된 대로 손에 잡히는 것, 사전 경험이 있는 것, 그리고 푯대가 보이는 것으로 주제를 '축소'시켜 주시면 좋습니다.
- 학생들이 이야기하는 것을 들으시고 '축소해 보자.'고 이야기해 주세요. 그 과정에서 프로젝트 수업이 한결 쉬워집니다.

2 디자인 싱킹에서는 학생들이 공동 연구자

디자인 싱킹에서는 모두가 공동 연구자입니다. 선생님들이 모든 것을 미리 조사하거나 자료나 재료를 찾아 제시하는 것이 아니라 '같이' 조사하고 '같이' 알아보는 것입니다. 그래서 이런 방식이 익숙해지면 수업이 더욱 의미 있게 되고 수월해지기도 합니다. 학생들도 수업을 듣거나 활동을 하는 사람이 아니라 함께 연구하는 자가 되는 것이지요.

다만 공동 연구자들은 서로 다음과 같은 것을 지양하기만 하면 됩니다.

비난 – 그것은 지난번에 배운 것이잖아.
금지 – 아니, 그건 안 돼.
지시 – 알려 줄게.
과제 – 알아 와.

❶ 공동 연구자는 서로 비난을 하지 않는다

절대로 서로 비난을 하지 않습니다. 오히려 서로 인정을 하지요. "오~ 그런 생각을 하다니 놀라운걸.", "오~ 그래. 그것 참 좋네."라고 하는 겁니다. 교사가 오히려 더 모르는 사람이 되어 보는 것도 좋습니다.

어느 날 한 학생이 말했습니다. "선생님, 그것도 몰라요?" 그 순간은 프로젝트 교사로서 성취감을 느끼는 순간입니다. 그런 과정이 디자인 싱킹에 필요합니다. 학생의 질문은 꼭 대답해 주어야 하는 것이 아니니 항상 환영할 수 있고, 그 답을 찾는 방법에 대해 알려 주시면 됩니다. 그 과정이 점차 익숙해지면 질문보다는 "선생님의 생각은 어때요?"라고 묻는 학생들의 모습을 보게 됩니다.

❷ 공동 연구자는 서로 금지(아니, 그건 안 돼)를 하지 않는다

무엇인가를 금지시킬 수 있다는 것은 남보다 내가 더 많이 알고 있거나 더 힘을 가졌다고 판단할 때입니다. 오로지 안전과 관련하여 금지시킬 것들이 있지요. 안전장치가 완전하지 않은 교실에서 폭발의 위험이 있는 실험을 하겠다고 한다거나, 아직 자격이 안 되는데 무엇인가를 운전해 본다고 하는 경우 등이 있습니다.

다만 안전과 관련해서 따로 안전한 사용 방법을 알려줄 수 있다면, 그러한 교육 후에는 금지하지 않으셔도 됩니다.

❸ 공동 연구자는 서로 지시하지 않는다

지시 또한 금지와 마찬가지로 누군가가 더 많이 알고 있다고 인정하거나 누가 더 힘이 있다고 인정할 때 생기는 일입니다. 방법을 알려 주는 지시보다는 권고가 더 맞겠지요?

❹ 공동 연구자는 서로 과제를 주지 않는다

여기에서의 과제란 학교에서 주는 과제를 의미하는 것이 아닙니다. 시간을 내서 디자인 싱킹 활동을 하다가 질문을 받을 때, 혹은 학생들이 알아보고자 하는 것이 있다고 말할 때 다른 교과에서처럼 "응, 그럼 알아 와."라고 하지 않는다는 뜻입니다. 학생들도 마찬가지입니다. 교사에게 "이것 마련해 주세요.", "저것 허락해 주세요." 등의 과제를 주지 않습니다.

모든 문제는 함께 해결합니다.

디자인 싱킹은 누구나 잘할 수 있어요

❶ 모두가 처음이라서, 누구나 잘할 수 있다

암기하는 것에는 우리 모두가 익숙해져 있습니다. 암기하는 것이 미래를 살아가는 데 별로 도움이 안 된다는 것쯤은 모두 알고 있지만, 그래도 '암기'는 우리에게 최고의 학습 방법처럼 여겨집니다. 아직도 인수 분해를 가르치다가 학생들에게 '외워라.'를 요구하는 교사들이 있습니다. 교실에서는 아직도 학생들을 '잘 외우는 사람'과 '잘 외우지 못하는 사람'으로 구분하는 경우가 있지요.

그런데 다행히도 '생각'은 그렇지 않습니다. 우리는 대부분 이 분야에 초보이기 때문이지요. 그래서 역으로 이야기하자면, '디자인 싱킹은 누구나 잘할 수 있다.'는 말이 됩니다. 다르게 이야기해 볼까요? 스마트폰이 처음 세상에 나왔을 때는 그 누구도 '스마트폰을 잘하는 사람'과 '스마트폰을 못하는 사람'으로 나누지 않았습니다. 아니 그럴 수가 없었습니다.

모두 다 처음이었으니까요. 할아버지가 손자한테 배우고, 어른이 아이한테 배우는 것이 스마트폰이었으니까요.

디자인 싱킹도 마찬가지입니다. 그다지 수준에서 차이가 나지 않습니다. 학생들은 더더욱 그렇습니다. 경험의 차이가 있을 수는 있지만 기본적으로 거의 모두에게 처음입니다. 그래서 누구나 잘할 수 있다고 하는 것입니다.

❷ 호모 사피엔스(Homo Sapiens)라서, 누구나 잘할 수 있다

디자인 싱킹이 새로운 분야라고 할 수 있을까요?
인간은 인간 본연의 모습으로 돌아가려고 하고 있는 것은
아닐까요?

어릴 때부터 줄기차게 들어 왔던 호모 사피엔스, 바로 생각하는 인간이지요. 그러므로 디자인 싱킹은 누구나 잘할 수 있는 것입니다. 인간은 생각하는 능력을 가지고 태어났고, 그 능력을 지금도 가지고 있습니다. 단지 많이 사용하지 않고 있었을 뿐이지요. 조금만 훈련을 하면 '생각'은 원래대로 "그래. 난 인간이니까 생각할 수 있어."가 된답니다. 그래서 누구나 잘할 수 있습니다.

3. 디자인 싱킹 과정

디자인 싱킹 과정은 다섯 단계입니다. 그 다섯 단계를 그림으로 표현하면 다음과 같습니다.

 공감(Empathy) 단계

디자인 싱킹의 첫 번째 단계는 공감 단계입니다.

공감은 같은 마음과 같은 느낌을 가지는 것입니다. 공감은 인간 중심적인 디자인 과정의 핵심이라고 할 수 있기에 가장 중요한 단계라고도 할 수 있습니다. 디자인 싱킹이 사용자 중심(user centered: UX)이라고 말하는 이유도 여기에 있습니다. 위에서도 언급하였지만 같은 마음과 같은 느낌을 가지는 것이 공감이고, 깊이 이해하는 것이 공감입니다. 왜 특정 상황이 발생하고, 왜 사람들은 그렇게 행동하는지 이해하려고 하는 것이 공감입니다. 그래서 많이 관찰하고, 많이 묻고, 많이 고민하게 되고, 많이 통찰하게 됩니다. 그리고 그 관점에서 문제를 풀어 보게 됩니다.

미세 먼지에 대해 학생들과 이야기를 나누어 보았습니다. 미세 먼지가 너무 많아져서 하늘은 뿌옇고 목은 칼칼하지요. 기분도 별로 좋지 않은 것 같습니다. '목이 아프다.'는 학생이 있고, '눈이 아프다.'고 하는 학생도 있었습니다. 그 와중에 한 학생이 웃음을 주체하지 못하면서 '캑캑' 소리를 내면서, 죽는다며 혼자서 허리를 잡고 웃었습니다. 한 학생이 수업 중에 장난을 치면 대개는 교사가 조용히 하라고 지적하게 되지요. 그런데 이번에는 다른 학생들이 일제히 "야~ 조용히 해."라고 하였습니다. 이것도 공감입니다.

독자들은 "이것이 공감이라고? '캑캑' 하며 웃는 친구에게 조용히 하라고 한 것이?"라고 물을 수 있습니다. 물론 아닙니다. 그것이 공감이라는 뜻이 아닙니다. 학생들이 모두 '미세 먼지'에 집중해 있는, 바로 그것이 공감이라는 의미입니다. 좀 더 공감에 포함되는 것들을 이야기해 보겠습니다.

❶ 공감에는 몰입(Immersion)이 포함된다

공감에는 몰입이 포함됩니다. 특정 주제와 특정 문제가 주어지는 순간, 해당 주제나 문제에 관련된 것들이 유독 많이 보이고 많이 들리게 됩니다. 그것이 몰입이고 그 안에서 학습의 즐거움이 생깁니다. '미세 먼지'가 주제가 되면서 학생들은 자주 하늘을 봅니다. '친인간 도시 환경'이 주제가 된다면 스쳐 지나가던 사람들의 표정이 모두 눈에 들어오고, 사람들의 이야기가 전부 들리게 됩니다. 보이지도 않던 간판들이 지금 가지고 있는 주제나 문제와 관련되면 유독 눈에 많이 보이게 되고, 인터넷 검색을 해도 그냥(마치 노력하지 않아도 정보들이 손을 흔드는 것처럼 느껴질 정도로) 정보들이 눈에 보이게 됩니다. 이것이 몰입이고, 몰입의 즐거움입니다.

❷ 공감에는 절대적으로 시간이 필요하다

공감에는 절대적으로 시간이 필요합니다. 그저 바쁘게, 짧게 생각해서는 질적인 디자인이 나오지 않습니다. 메이와 덴키(Maywa Denki)의 '토사(Tosa)'는 자신의 디자인 싱킹 과정에 대해 다음과 같이 이야기하였습니다. 자신은 '**생각하고 또 생각하고 또 생각한다.**'라고요. 그림을 그리기 전에 이미 생각 속에서 수많은 수정이 일어나고, 잘못될 수 있는 부분을 수도 없이 머리에 굴려 본다고 하였습니다.

그러려면 절대적으로 시간이 필요하겠지요? 누군가가 옆에서 "빨리 해. 무슨 생각을 그렇게 오래 하는 거야?"라고 한다면 이 책을 읽은 독자는 그런 말을 하는 사람에게 이렇게 이야기할 수 있을 것입니다. **"생각이라는 것이 무엇인지 모르는 사람이군."**

❸ 공감에는 그 중심에 나를 둘 수 있어야 한다

학생들과 활동하면서 가장 많이 지도하게 되는 부분입니다. 공감에는 그 중심에 나를 둘 수 있어야 합니다. 공감은 다른 사람의 느낌과 생각을 그 사람 입장에서 그대로 느끼고 생각하는 것입니다. 그러나 멀리 물러나서 느끼고 생각하는 것이 아닙니다. 나는 그들의 바로 옆, 아니 그들 자체여야 합니다.

지금 미세 먼지 때문에 기침이 많이 나는 사람의 아픔이 같이 느껴져야 하고, 자기가 키우는 반려견의 소리를 해석하고 싶어 하는 사람의 옆에서 같은 느낌으로 반려견을 볼 수 있어야 합니다.

> 공감의 단계에서 나와야 하는 결과물
>
> 아!~~~~

초등학교 1학년쯤 된 한 아이가 자전거를 타고 사거리를 향해 신나게 달려가고 있었다.

● 위 상황을 읽고 어떤 생각이 드나요?

한 아주머니가 아기를 안고 쇼핑백을 들고 걸어가고 있었다. 쇼핑백의 밑부분이 무척 볼록해 보인다.

● 위 상황을 읽고 어떤 생각이 드나요?

 ## 정의(Define) 단계

두 번째 단계는 정의(define) 단계입니다. 마치 한 마리 물고기를 낚시로 잡듯이 '그래 이것으로 하자.'라고 정하는 것이지요. 집중, 몰입, 정확성, 합의 등의 단어들이 머리에 떠오를 것입니다. 명확화(Clarification)라고도 할 수 있습니다. 해결해야 할 것이 무엇이고, 집중해서 알아내야 할 것이 무엇인지를 분명하게 하는 단계입니다.

그냥 정하면 되고, 그냥 알려주면 되는데 왜 이 단계가 필요하다고 할까요? 프로젝트를 하다 보면 주제가 정해집니다. 그 다음에 자유롭게 여러 가지 이야기를 하고(공감 단계) 초기 회의를 합니다. 그런데 종종 그 초기 회의라는 것이 단순한 '전달'이 되는 경우가 많고, 회의 내용도 각자 다르게 이해하거나 해석한 채 시작하는 경우가 많습니다. 그러면 꼭 중간에 문제가 생깁니다. "아니, 제가 말씀드렸던 것은 그것이 아니었는데요.", "아니, 우리 모두가 합의하고 진행했던 것 아니었나요?" 모든 사람이 하는 이야기가 다 맞고, 모든 사람이 하는 이야기가 다 틀립니다.

디자인 싱킹을 하는 사람이라면 반드시 이 단계에서 명확하게 짚고 가야 합니다. 무엇을 구하고자 하고, 무엇을 알아보고자 하며, 무엇을 나누고자 하는지를 말입니다.

"우리가 집중하기로 한 것이 이게 맞지요?", "지금 우리가 해결하고자 하는 문제가 이게 맞지요?", "범위와 내용은 이렇게 하기로 한 것이 맞지요?"라는 식으로 몇 번을 반복하더라도 같이 활동하는 팀 구성원들끼리 완전히 합의되는 과정이 있어야 합니다. 이러한 단계를 거치고 나야 출발점(start point)이 정해지고 관점(point of view)이 정해집니다. 그래서 몰입이 시작되지요.

● 어떤 생각이 드나요?

자전거를 타고 사거리를 향해 신나게 달려가고 있는 초등학생 아이

속도를 줄이지 못하고 달려가고 있는데, 만일 다른 쪽 길에서 역시 자전거를 타고 달려오는 아이가 있다면 둘이 부딪쳐서 큰 사고가 날 것이다. 코너에서는 무조건 속도를 줄이도록 해야 하지 않을까?

아~ 나도 어릴 때 학교 복도에서 뛰다가 코너에서 다른 아이랑 부딪쳐서 코피가 난 적이 있었는데, 아~ 그거 진짜 아픈데…… 그렇다고 비싼 거울을, 더구나 볼록 거울을 코너마다 붙일 수도 없고, 어쩌지?

이처럼 공감이 꼬리에 꼬리를 물고 나온다면, 그 공감에 근거해 볼 때 해결해야 할 문제는 '위험'에서 출발할 수 있다. 그리고 이를 문장으로 기술하면 '보이지 않는 곳에서의 위험은 예측하기 어렵다.' 정도로 해도 좋을 듯하다.

⇨ 보이지 않는 곳에서의 위험은 예측하기 어렵다. 어떻게 하면 예측하게 할 수 있을까?

밑부분이 무척 볼록한 쇼핑백을 들고, 아기를 안고 걸어가는 아주머니

아~ 조금 있으면 저 쇼핑백이 터질지도 모르겠다. 아기를 안고 있는데, 어떻게 하지? 볼록한 걸 보니 분명히 저 안에 사과 같은 것들이 들어 있을 것 같은데 어떻게 하지?

누구나 경험해 보았을 법한 일 아닌가? 그러면 이런 공감에 근거해서 해결해야 할 문제는 무엇인가? 아마도 '무게'에서 출발할 수 있다. 그리고 이를 문장으로 기술하면 '쇼핑백의 크기와 담을 수 있는 물건의 무게를 맞추자.' 정도로 해도 좋을 듯하다.

⇨ 쇼핑백의 크기와 담을 수 있는 물건의 무게를 맞추자.

"서두르지 마세요. 천천히, 천천히 가세요."

정의(Define) 단계에서 반드시 짚고 넘어가야 할 것들을 정리해 보기로 합시다. 한 가지는 **흩어진 이야기 모으기**(collect scattered stories)이고, 다른 하나는 **하나의 문장으로 표현하기**(one sentence statement)입니다.

❶ 흩어진 이야기 모으기

무엇을 해야 할지를 명확하게 정하기 위해서는 공감 단계에서 서로 나누었던 이야기들을 모으는 일을 해야 합니다. **Collect scattered things.** 흩어져 있는 것들을 모으는 것입니다. 이 단계를 쉽게 하는 활동이 유형화(clustering), 바로 분류입니다. 유사한 것들끼리 묶는 것이지요. 프로젝트 수업을 해 보신 분들은 이 단계에 익숙해져 있으시지요?

돼지 저금통이 묵직해지면 왠지 부자가 된 느낌이 들지 않았나요? 어릴 때는 그 기대감이 엄청났지만, 크고 나니 뭐 사실 동전 굴러다니는 것을 돼지 저금통에 넣었을 뿐 큰 기대는 없었습니다. 그런데 어느 날 '한번 깨 보자.' 해서 열어 본 돼지 저금통은 내 손에 무려 26만 원 정도를 쥐여 주었지요.

10원짜리는 10원짜리끼리, 100원짜리는 100원짜리끼리, 500원짜리는 500원짜리끼리 모아 각각 비닐봉지에 따로 넣어서 은행으로 갔습니다. 그런데 막상 은행에서는 그 비닐봉지를 모두 뜯더니 어떤 기계 속에다 합쳐서 쏟아 붓더라고요. 그 기계라는 것이 신기해서, 알아서 분류를 다 하고 합계까지 딱 계산되어 나오더라고요. 어쨌든 그렇게 나는 26만 원 정도 되는 돈을 받은 적이 있었습니다.

그런데 여기에서 무엇인가 감이 잡히지요? 바로 분류, 즉 유형화입니다. 비슷한 것들끼리 묶는 것이지요. 서로 공감된 바를 이야기하면서 유사한 단어나 유사한 문장들이 나오는지를 봅니다. 그리고 그것들을 적어 나가 봅니다. 그러면 자연스럽게 어디로 모이는지, 어디를 향하는지 어렴풋이 알 수 있습니다.

그 후에는 모두가 합의된 '무엇'을 만들 수 있지요.

❷ 하나의 문장으로 표현하기

흩어진 이야기 모으기 단계를 거치고 나면 하나의 결과물이 나와야 합니다. 명확해져서 모두가 동의하는 하나의 문장으로 기술된 문제 혹은 주제입니다. 흩어진 것에서 모은 것을 중립적으로 그저 하나의 문장으로 만듭니다. 중립적이란, 그 어느 편에도 치우치지 않는 것을 말합니다.

교사는 큰 종이에 완성된 하나의 문장을 적어 모든 학생들이 볼 수 있게 디스플레이를 합니다. 학생들의 눈높이이면 더 좋으며, 학생들의 이동이 많은 곳이나 활동을 하는 교실에 디스플레이를 합니다. 학생들이 스스로 합의하여 '명확화'한 것을 확인하며 활동하기 위해서입니다.

이렇게 지도해 주세요

- 학생들에게 '아이디어 단계'의 워크시트를 한 장씩 주고 맨 위에 주제를 적게 하세요. 각자 그 주제와 관련하여 생각나는 것들을 무조건 많이 적으라고 합니다. 적어도 20개는 넘어야겠지요?
- 그 다음에는 비슷한 단어들을 하나의 도형으로 묶어 보라고 하세요. 예를 들어 여러 가지 종류를 써 놓았다면, '종류'라는 카테고리를 정하고 그 카테고리에 들어갈 수 있는 단어에 동그라미를 치게 합니다.
- 만약 '재료'라는 카테고리를 정할 수 있다면 재료라는 카테고리에 들어갈 수 있는 단어에 이번에는 네모를 치게 합니다. 그러다 보면 대체로 4~5개의 묶음이 생깁니다.
- 그 다음에는 묶어 놓은 그 4~5개의 단어가 들어가는 문장을 만들어 보게 합니다.

정의(define) 단계에서 아이디어(ideation) 단계로 넘어가기

아이디어 단계에서는 실제로 문제를 해결할 방법들을 산출하게 됩니다. 따라서 정의 단계에서 아이디어 단계로 넘어갈 때는,

명확하게 적은 하나의 문장을 기억하고, 자신들의 관점을 다듬고, 실제 해결 과정으로 들어가야 합니다.

"자, 이제 어떻게 할까?"라고 할 수 있습니다.

궁금하지 않으세요?

"활동하다가 학생들이 어려워하면, 중간에 변경해도 되나요?"

교사 교육을 하다 보면 제일 많이 듣는 질문이 '중간에 변경해도 되는가?'입니다. 좋은 질문입니다. 활동을 하다가 주제가 어렵다고 생각이 들 수도 있고, 학생들이 검색 과정에서 힘들다고 아우성을 칠 수도 있습니다. 교사도 때로 어떻게 해야 할지 혼란에 빠지거나 어렵다고 판단할 수 있고, 그런 경우에 "와, 이렇게는 정말 못 가겠다."라고 판단이 들 수 있습니다. 그래서 "주제를 바꾸자."로 갈 수 있지요. 그러나 "중간에 변경해도 되나요?"라는 질문에 대한 답은 "가능하면 바꾸지 맙시다."입니다.

디자인 싱킹으로 여는 창의 공학, 디자인 싱킹과 창의 공학의 가장 큰 이점은 문제 해결형 미래 인재로 성장하는 것입니다. 어렵다고 해서 다른 주제로 변경한다면, 그리고 그런 변경의 경험이 많아진다면 어느 학생도 문제 해결 능력을 키울 수 없을 것이고, 오히려 어려우면 그만 하면 된다는 생각을 가지게 될 수 있습니다.

아이디어(Ideation) 단계

세 번째 단계는 아이디어 단계입니다. 실제로 문제를 해결하기 위해서, 합의한 주제를 알아보기 위해서 아이디어를 산출하는 단계입니다. 흥미롭게도 아이디어 단계에서 해야 할 일은 첫째는 가능한 모든 아이디어를 산출하는 것이고, 다음은 가장 최적의 아이디어를 선택하는 것입니다.

우선 가능한 모든 아이디어를 산출하는 것이 중요합니다.

이 단계에서는 브레인스토밍과 보디 스토밍, 조사, 연구, 마인드맵, 그리고 스케치하기 등이 모두 포함됩니다. 절대 오해하면 안 되는 것이 있습니다. "아~ 공감하고 문제를 명확히 해서 아이디어를 내는 것이구나."라고 직선상으로 이해하시면 안 됩니다. 오히려 다음 그림과 같이 이해하는 것이 정확합니다.

퍼졌다 → 모였다 → 퍼졌다

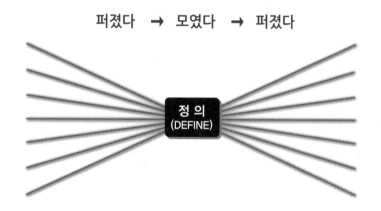

❶ 아이디어 단계는 모든 가능성이 다 나오는 단계이다

가능한 모든 아이디어들을 내놓습니다. 아이디어를 결정하는 것이 이 단계의 주요 과제가 아니라 가능한 모든 아이디어를 내놓는 것이 주요 과제이기 때문입니다. 그것도 제한 없이 말이지요. 이전 단계에서 정의한 문제를 해결하기 위한 모든 가능한 아이디어들을 내놓아 봅니다. 이를 위해 학생들은 다 같이 브레인스토밍(Brainstorming), 보디 스토밍(Bodystorming), 미인드 매핑(Mindmapping) 등을 할 수 있습니다.

브레인스토밍(Brainstorming)은 '뇌를 흔든다. 뇌에서 폭풍이 일어난다.'라는 식으로 비유해 볼 수 있습니다. 아이디어를 내기 위해서 뇌를 흔든다고 생각해 봅시다. 우리는 그저 '생각하기'를 브레인스토밍으로 알고 있는지도 모릅니다.

그러나 **브레인스토밍은 Brain(뇌) + Storm(폭풍)입니다.** 뇌가 폭풍처럼 움직이는 것이지요. 뇌를 흔드는 것입니다. 주제와 관련하여, 혹은 문제와 관련하여 생각나는 연관 단어들을 모두 쏟아내 보는 것입니다. 그런 과정 중에 풍성한 아이디어가 나올 수 있습니다. 사전 경험들도 더 쏟아낼 수 있습니다.

보디 스토밍(Bodystorming)도 브레인스토밍과 유사하게 이해하시면 됩니다. **Body(몸) + Storm(폭풍)이지요.** 생각을 하기 위해, 아이디어를 내기 위해 몸을 움직여 보는 것입니다. 특히 이야기나 토론, 생각만으로 아이디어가 떠오르지 않을 때 몸을 움직여 생각해 보는 것입니다. 어떤 학생들은 글이나 말보다는 몸짓으로 아이디어가 많이 나오는 경우도 있는데, 그 학생들의 경우 어떤 주제이든 보디 스토밍을 해 보도록 하는 것도 좋습니다. 이해를 돕기 위해 예를 들어 보겠습니다.

임신 8개월 정도의 아기 엄마가 이동하는 것과 관련하여 아이디어를 내고자 한다면 이야기를 나누는 것보다는 임신 8개월의 모습으로 다녀 보거나 움직여 보는 것이 도움이 됩니다. 지하철에 어느 날 생긴 분홍색 의자가 일단은 공감이 되지 않았습니다. 이 글을 읽는 당신이라면, 한국 문화 속에서 자란 당신(임신 8개월인 당신)은 그저 당연하게 그 자리에 앉을 수 있을까요? 또, 임신 초기라면 그 사실은 어떻게 증명하고 앉을 수 있을까요? 사용자 중심의 공감이 이루어지지 않은 디자인 싱킹의 확실한 사례입니다.

장애가 있는 사람, 또는 노인의 경우도 마찬가지입니다. 이전에 한번 다리를 크게 다친 적이 있었습니다. 다리에 기브스를 하고 다녔는데, 그러다 보니 앞에 누군가가 다가오기만 해도 손을 휘두르게 되더라고요. 그때가 되어서야 '아~ 다리가 불편하신 분들은 진짜 길을 설 때 두려움과 불인함으로 다니시겠구나.'라는 생각을 하게 되었습니다. 이런 것이 보디 스토밍입니다. 특히 책을 읽거나 사람들과 이야기하는 것을 별로 좋아하지 않는 학생들이 아이디어를 낼 때 아주 좋은 방법입니다.

마인드맵(mind map)에 대해 알아봅시다.

마인드맵, 마음의 지도라는 의미입니다. 마음 속에 지도를 그리듯이 정리해 보는 것입니다. 문자 그대로 아이디어를 배치하는 것으로 이해하면 좋습니다. **모든 마인드맵은 중심에서 출발합니다.** 그리고 자신의 아이디어 흐름에 따라 선으로, 기호로, 단어로, 색으로, 이미지로 퍼져 가는 구조를 만들어 봅니다. 목록화, 즉 목록을 만들어 놓는 것과는 다른 개념입니다.

무엇인가 할 일이 있을 때 우리는 목록을 적습니다. 아침에 출근하면 오늘의 할 일을 목록으로 적고 우선순위를 매기기도 합니다. 나열형이고 직선형입니다. 그에 비해 마인드맵은 생각의 흐름대로 보다 자신에게 집중하여 나가 보는 것이라고 이해하면 되겠습니다. 아이디어를 추가하고 싶거나 수정하고 싶을 때 마인드맵의 매력이 터집니다. 그야말로 '생각이 날 때마다' 할 수 있기 때문입니다.

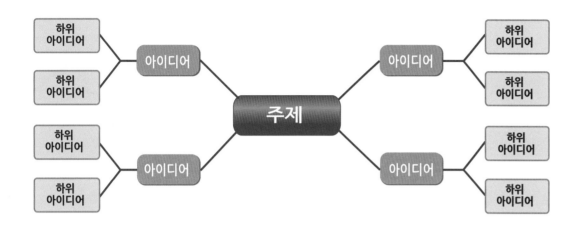

❷ 산출된 아이디어 중에서 최적의 것을 선택한다

widest possible ➡ Best possible

여러 가지 가능한 아이디어를 산출한 후에는 그 중에 가장 좋은 최적의 아이디어를 선택, 결정해야 합니다. 그럼 어떻게 결정해야 할까요? 무엇을 선택해야 할까요?

(1) 이전 단계인 정의(define) 단계에서 이야기된 바와 가장 가까운 아이디어를 선택한다

모든 아이디어들이 이전 단계인 정의 단계에서 이야기된 바에 근거해서 나왔겠지만, 아이디어라는 것이 이야기가 진행되면서 변형도 되고 다소 다른 방향으로 나가기도 합니다.

그러므로 항상 "무엇이었지?", "우리가 찾기로 한 것이 무엇이었지?"라고 상기해 보는 것이 좋습니다. 항상 새로운 아이디어를 내는 것이 디자인 싱킹이 아니라 오히려 끈기 있게 쭉~ 끈을 잡고 가는 것이기 때문입니다.

(2) 위험 요인이 적은 것으로 선택한다

보다 많은 가능한 아이디어들을 낸 후에 반드시 '위험 요인이 많은 것'을 배제해야 합니다. 어린 학생들과 활동하다 보면 안전을 염두에 두어 위험한 활동이 포함된 것을 지양해야 하고, 예정된 시간보다 훨씬 오래 걸릴 것으로 예상되는 활동도 지양하는 것이 좋습니다. 활동의 규모나 범위가 너무 커서 감당하기 어려운 것들도 지양해야 합니다. 가능하고, 구체적이며, 현실적이고, 재료를 쉽게 구할 수 있는 것으로 선택하도록 해야 합니다.

(3) 프로토타입을 보다 쉽게 만들 수 있는 것으로 선택한다

(2)와 같은 이야기일 수 있습니다. 만들 수 있어야 합니다. 예를 들어 전자 칩이 들어간 것을 만들 겠다고 하면 불가능하게 되어 버립니다. 작은 모터는 구할 수 있지만, 전기로 돌리는 모터는 학생들 의 연령에 따라 부적절할 수 있습니다.

프로토타입은 카드 보드(골판지 상자)나 MDF 판, 재활용품 등으로 만드는 것이 좋으므로, 그것이 가능한 아이디어로 선택하도록 하는 것이 좋습니다.

아이디어(Ideation) 단계에서 모형(Prototype) 단계로 넘어가기

아이디어 단계에서 모형 단계로 넘어갈 때는 합리적인 이유를 근거로 다수의 아이디어에서 2~3개의 아이디어로 줄이는 것이 가장 필요 합니다. 그리고 위에서 언급한대로 그것은 세 가지 정도의 기준을 통해 정할 수 있습니다.

정의 단계에서 이야기된 바와 가장 가깝고, 위험 요인이 적고, 프로토타입을 보다 쉽게 만 들 수 있는 것으로 정하는 것이지요.

4 모형(Prototype) 단계

네 번째 단계는 모형 단계입니다.

자~ 이제 거의 디자인 싱킹의 마지막 단계에 도달하고 있습니다. 그런데 모형 단계에서부터는 우 리들의 주요 관심사인 창의 공학에 대한 이야기를 해 보아야 합니다. 우선은 모형 단계에 대해 충분 히 설명하고, 그 후에 창의 공학과의 연결을 이야기해 보겠습니다.

모형은 우선 완성품을 만들기 전에 그 가능성을 테스트할 것을 만들어 보는 것이라고 할 수 있습니 다. 모형을 만들면서 서로 의논도 해 보고, 변형도 해 보면서 완성품에 도달하게 됩니다. **모형 단계 의 목적은 세 가지 정도**로 압축하여 설명할 수 있습니다.

❶ 모형 단계의 목적

(1) 첫 번째 목적은 첫 아이디어를 보충해 줄 추가 아이디어를 얻는 것입니다

깊이 생각하고, 고민하고, 의논하였으며, 그 과정에서 아이디어를 냈지만, 모형을 만들다 보면 "아! 이 부분이 좀 약하구나."하고 새로운 사실을 알게 되는 경우가 있습니다. 또, "좀 더 사이즈를 키워야 되겠어.", "움직일 때 균형이 자꾸 깨지는 걸 보니, 장치에 대해 좀 더 고민해 봐야 할 것 같아."라는 식의 보충 아이디어가 나오기도 합니다.

보충해야 하는 아이디어가 하나라도 나온다면 그 모형은 매우 성공적인 것입니다. **단 한번에 성공하는 모형은 그냥 있을 수 없다고 생각해야 합니다.** 사람의 생각은 보통 그렇습니다. 생각이 아무리 훌륭해도 실제로 만들다 보면 보충해야 하는 부분이 나타나고, 더 욕심이 나는 부분도 생기기 마련입니다.

상원이는 자기 집에 있는 자전거들이 오래 되고, 자꾸 고장이 나서 버리게 되는 것을 아깝다고 생각하여 '나만의 자전거 만들기'를 하기로 하였다. 충분한 고민의 과정을 거쳐 아이디어를 냈고, 위험 요인을 잘 선정하여 가장 그럴 듯하게 만들 수 있는 것을 시도하였다.

몇 개의 재료를 사서 모형을 만들었는데, 만들다 보니 균형이 잘 맞지 않았고 탈수록 한 쪽 옆으로 기울어지는 문제를 발견하였다. 상원이는 균형의 문제를 해결하기 위해 바퀴를 옆으로 하나 더 붙이는(마치 트럭처럼) 방법을 택하였다.

모형을 만들면서 보충해서 추가 아이디어를 얻어 해결한 대표적인 케이스이다.

유진이는 자기 방에 들어가면 책상 밖에 보이지 않고, 책상이 마치 "야, 공부해. 공부해."라고 이야기하는 것 같았다. 그래서 책상에서 공부도 하고, 친구랑 이야기도 하고, 만들고 싶은 것이 있을 때는 만들고, 간식도 들어 있는 'Play Desk'를 만들기로 했다.

카드 보드로 모형을 만들었는데, 의외로 간식을 둘 곳이 마땅치 않았다. 유진이는 도르래를 생각해 냈다. 책상의 앞 쪽에 도르래를 만들고, 간식을 먹고 싶을 때는 도르래를 올려 그릇에 담겨 있는 간식을 올리기로 하였다.

이 역시 모형을 만들면서 보충해서 추가 아이디어를 얻어 해결한 케이스이다.

(2) 두 번째 목적은 가능성을 테스트하는 것입니다

모형 단계에서 가능성을 테스트하는 것은 가장 자연스럽고도 반드시 이루어야 하는 목적입니다. '아, 이 모형대로 만들면 우리들의 문제가 해결되겠구나.'를 확인하는 것이기 때문입니다.

공감과 정의 단계에서 이미 위험 요인을 잘 고려하였고, 아이디어 단계에서 모든 가능성을 열고 고민하였으며, 그 단계에서도 위험 요인과 가능성을 고려하여 선택한 것이라면, 모형 과정에서 큰 변형보다는 "좋아, 이렇게 하면 되는 거야."라는 결론이 나면 제일 좋지 않을까요?

> 재활용품으로 놀이 도구를 만들자는 생각에서 플라스틱 숟가락과 나무젓가락, 그리고 고무줄만으로 멀리 날아가는 것을 만들기로 한 윤서는, 숟가락을 고무줄로 당겨서 탁구공을 멀리 날리는 기구를 만들고자 하였다.
>
> 지지대를 만들자면 나무젓가락을 삼각형으로 해야 한다고 생각하였고, 많이 가지고 있는 고무줄로 고정시키자고 생각하였다. 그리고는 그 지지대에 빗대어 플라스틱 숟가락을 달고 당김 장치를 만들고자 하였다.
>
> 생각한 그대로를 모형으로 만들고 지지대가 튼튼해야 한다고 생각하여 그대로 만들었더니, 정말 탁구공이 멀리 날아가는 놀이 도구를 만들 수 있었다.
>
> **행복한 경우이다. 생각한 대로 변형 없이 완벽하게 만들어졌다.**

(3) 세 번째 목적은 완성도를 높이는 변형을 하게 되는 것입니다

모형 단계에서 계획대로 모형이 만들어지는 과정에서는 서로 이야기를 나누고 의견을 주고받으며 완성도를 높이는 변형을 할 수 있습니다. 모형대로 만들어 보니 처음 계획했던 대로 잘 진행되었을 수도 있습니다.

그런데 그 과정에서 학생들이 "야~ 여기에 프로펠러 하나 더 달면 어떨까?"라고 제의할 수 있습니다. "좀 더 안정적이게 하려면, 여기에 바퀴를 하나 더 붙이자."라고 할 수도 있습니다. 잠깐 동안의 회의이지만 다시 모여서 마치 정의 단계와 아이디어 단계를 다시 거치듯이 빠르게 의논하고, 빠르게 결정하고 변형해서 완성도를 높일 수 있습니다.

> 가현이는 엄마가 사다 주시는 방향제가 처음에는 향기가 싫을 정도로 강하고, 얼마 지나지 않아 향기가 너무 약해져서 불편하다고 생각하였다. 그래서 가현이는 방향제 위에 고깔 모양의 모자 같은 것을 만들어 향기를 강하게 하고 싶을 때는 구멍을 크게 만들고, 약하게 하고 싶을 때는 구멍을 조그맣게 만들기로 하였다.
>
> 그런데 막상 모형을 만들고 보니 고깔 모양으로 만든 것이 잘 움직여지지 않고, 너무 약하기도 하였다. 그래서 방법을 바꾸어 구멍이 작은 것과 중간 크기의 것, 그리고 큰 것으로 만들었고, 방향제 위에 붙인 후 구멍 크기를 원하는 대로 조절할 수 있도록 변형하였다.

❷ 모형 단계의 주요 재료

모형 단계에서 주로 사용되는 재료에 대해 잠시 설명하고 지나가기로 하겠습니다. 모형 단계에서 주로 사용되는 재료는 카드 보드(골판지 상자), 재활용품, MDF 판 등이 있습니다. 이러한 재료는 창의 공학으로 연결되도록 하는 좋은 재료이기도 합니다. 학생들은 카드 보드나 재활용품, MDF 판에 대해 두려움이나 거부감이 전혀 없습니다.

(1) 카드 보드(Cardboard)

카드 보드란 어디에서나 쉽게 볼 수 있는 골판지 상자를 말합니다. 보드의 크기나 굵기 등이 다양하게 구성되어 있어서 사용 목적에 따라 적절한 것을 선택해서 사용할 수 있습니다. 아래는 몇 가지 유의 사항입니다.

● 카드 보드

접을 때	카드 보드에 있는 선의 방향대로 접도록 하고, 만약 카드 보드 선의 반대 방향으로 접어야 한다면 원하는 선을 칼로 살짝 그어도 되고, 자로 꾹 누른 후 접으면 쉽습니다.
자를 때	커터 칼을 사용하되 한번에 힘을 너무 세게 주어 자르지 말고, 적당한 힘으로 여러 번 반복해서 그어 자르도록 지도하면 안전합니다.
구매할 때	목적에 따라 상자의 굵기를 정해서 구매하면 좋습니다. 가구 등을 만들 것이 아니면 얇은 것을 구매하는 것이 안전사고의 위험이 적습니다.

3. **생각하다:** 이제는 디자인 싱킹 시대

(2) 재활용품

재활용품은 실로 여러 가지 자극이 될 수 있습니다.

페트병, 플라스틱 통, 스티로폼, 깡통 등을 활용할 수 있고, 망가진 기계들을 분해해서 그 부품들을 사용할 수도 있습니다. 고장 난 컴퓨터나 시계, 텔레비전 등을 분해해 보면 처음으로 LCD가 어떻게 구성되었는지 볼 수 있고, 선풍기나 청소기에도 컴퓨터 보드가 들어가는 것을 알 수 있으며, 프린터에는 많은 모터와 스프링이 있는 것을 발견하게 됩니다.

나아가 정말 작은 부품들이 하나씩 모여 큰 '하나'를 이루고 있는 것을 보면서, 많은 생각을 하게 됩니다.

자를 때	가위나 커터 칼을 사용하되 정말 조심해야 합니다. 페트병의 경우 잘린 면이 매우 날카롭기 때문에, 칼에 손을 베는 것이 아니라 잘려진 면에 손을 베는 경우가 많습니다. 깡통도 마찬가지입니다.
모아 놓을 때	필요에 따라 재활용품을 모아 놓을 때에는 그 형태가 온전한 것들만 모아 놓도록 합니다. 깨진 것이나 잘려진 것들로 인해 안전사고가 발생할 수 있기 때문입니다.
구멍을 낼 때	송곳이나 칼 등을 이용할 수 있습니다. 공구가 있는 학교라면 가는 드라이버로도 뚫을 수 있습니다.

(3) MDF 판

MDF 판은 의외로 가격이 싼 편입니다. 자르기도 쉽고, 실제로 목재상에서 잘라 달라고 부탁하면 크기대로 잘라 줍니다.

면을 붙일 때에는 못을 이용할 수도 있지만, MDF 판의 경우에는 풀 총(glue gun)이나 목재용 본드로도 잘 붙기 때문에 학생들이 활동하기에 좋습니다. 단, 톱질은 학생들에게는 위험한 작업이므로 미리 사이즈대로 잘라 달라고 부탁해서 구매해 오는 것이 좋습니다.

● MDF 판

요즘에는 MDF의 장점을 늘리고 단점을 줄인 다양한 소재들이 나와 있어서 도움이 됩니다.

5 테스트(Test) 단계

마지막 단계는 테스트 단계입니다. 모형까지 만들었기 때문에 제대로 작동이 되는지, 제대로 문제 해결을 하는지 테스트해야 하는 과정입니다. 모형을 만들면서 이런저런 작은 실험들은 했겠지만, 다 만들고 나면 맨 처음에 가졌던 아이디어대로 잘 만들어졌는지, 그리고 모형이 실제로 문제를 해결하는지를 테스트해야 합니다.

여기에서 가장 중요한 단어는 '현실(reality)'입니다. 아무리 간단하게 모형을 만들었다고 하더라도 작동은 되어야 하며, 아무리 간단한 해결책을 제시했다고 하더라도 문제는 해결되어야 합니다. 만약 이 단계에서 작동이 제대로 되지 않고 해결이 되지 않는다면, 다시 이전 단계로 돌아가서, 수정과 보완의 과정을 거쳐야 합니다. 체크해 봅시다.

❶ 계획했던 대로 움직이는가

모형은 카드 보드나 재활용품으로 만드는 경우가 많습니다.

> 음식물 쓰레기를 줄이기 위해 자신의 식판이 무게에 따라 움직이도록 만들고 싶었던 준우는, 모형 단계에서는 음식을 먹을수록 식판의 무게가 줄게 되고, 무게가 줄어듦에 따라 저울이 위로 올라가며, 그에 따라 생겨나는 공간에서 보상물(예) 사탕)이 나오는 것을 성공적으로 만들었습니다.
> 그러나 실제로 밥을 올려놓고 테스트를 하자 식판은 전혀 움직이지 않았고, 밥을 다 먹어도 식판의 움직임은 거의 없었습니다. 그리고 저울에 올려놓은 실제 식판은 그 위에 올려놓은 음식의 무게에 따라 균형이 깨져 자꾸 쏟아졌습니다.

> 엄마가 '휠리스'라는 바퀴 달린 운동화를 사 주지 않아서 자기가 직접 만들어 신겠다고 했던 은서는, 모형 단계에서는 상자 밑에 바퀴를 두 개만 달면 되는 것이었는데, 막상 테스트 단계에서 신어 보니 그대로 옆으로 넘어져 버렸습니다. 다시 생각해서 바퀴 네 개를 붙였지만 여전히 옆으로 쓰러졌습니다.

이런 것들이 모형 단계에서는 그럴 듯해 보여도 실제로 움직여 보면 안 되는 경우입니다. 미국의 글로벌 발명 대회(Global Inventors Challenge)에 출품된 작품들에서 상을 받은 우수작을 보면 보기에는 엉망이지만 실제로 작동이 되고, 실제로 효과를 내는 모습들을 볼 수 있으며, 그런 결과물이 상을 타는 것을 볼 수 있습니다. '계획했던 대로 움직이는 것', 이것이 테스트 단계에서 반드시 보아야 할 중요한 요인입니다.

❷ 처음 가졌던 문제를 사용자 중심으로 해결했는가

처음 주제 혹은 문제를 받으면 공감을 합니다. 공감은 사용자 중심이었고, 사용자 입장과 관점에서 충분히 공감하자고 하였습니다. 그렇다면 최종 결과물이 실제로 사용자의 관점에서 문제를 해결했는지 검토해 보아야 합니다. 이것이 테스트 단계의 또 하나의 면입니다.

샤프심이 쏟아지는 것이 싫어서 용수철을 달아 하나의 심만 나오게 하겠다는 진섭이의 아이디어는 카드 보드와 실로 모형을 만들 때는 문제가 없었습니다. 그런데 막상 튼튼하게 만들기 위해 본인이 생각해 내서 MDF 판과 용수철을 사용하는 순간 사이즈는 커져 버렸고, 용수철이 너무 세서 샤프심을 넣을 수도 없었습니다. 결과적으로는 샤프심이 쏟아지는 것을 해결해 보겠다는 생각은 해결될 수 없었습니다.

이 경우 교사로서 지도할 때 "뭐, 그런대로 잘했네."보다는 정확하게 처음 가졌던 문제를 해결했는지를 평가해야 합니다.

❸ 가장 실현 가능한 것으로 아이디어화 했던 것이 성공하였는가

아이디어 단계에서 우리는 '가장 실현 가능한 것'을 선택하여 모형을 만들었습니다. 완성품이 되었을 때 성공이라고 볼 수 있는지도 중요합니다. 오히려 이 단계에서 가장 실현 가능하다고 판단했던 것에 대해 오류라고 인정해야 할 수도 있습니다.

> ### 실패를 경험하는 학생들을 어찌할까?
>
> 아이디어 단계에서 신중을 기했고 열심히 모형을 만들었는데 작동을 하면서 완전히 다 망가져 버렸다든지, 생각대로 되지 않았다든지, 처음에 계획했던 것들이 이루어지지 않았다든지 하면 학생들은 심혈을 기울여 한만큼 실망이 클 것입니다. 그런 학생들을 보는 것은 교사로서는 쉬운 일이 아닙니다. 그러나 디자인 싱킹 활동에서 실패를 전혀 경험하지 않도록 하는 것 또한 쉬운 일이 아닙니다. 학생들과 활동해 본 결과 학생들 중, 실패 후 반은 "하기 싫다."라고 하는 학생이고 반은 "에이씨"라고 하지만 다시 만들어 보겠다고 하는 학생들입니다. 교사는 학생들의 기분이 좀 가라앉은 후 "자, 천천히 보자. 어디에서 잘못되었나 보자."라고 해 봅시다.
>
> 우리가 키우고자 하는 인재들은 문제 해결형 인재이기 때문입니다. 가는 길이 순조로울 때도 있고 순조롭지 않을 때도 있음을 알려 주는 것도 좋습니다.

❶ 디자인 싱킹은 미래를 유능하게 살아갈 학생들에게 반드시 필요한 능력입니다. 디자인 싱킹은 실용적 목적을 가진 작품의 설계나 도안, 실제 문제 해결을 위해 관심을 가지고 헤아리고 판단하는 것으로 정의됩니다.

❷ 학생들에게 디자인 싱킹을 지도할 때 그 '무엇'이 출발점이 됩니다. 그 '무엇'은 다음과 같은 기준을 가집니다.

| 손에 잡히는 것 |
| 사전 경험이 있는 것 |
| 푯대가 보이는 것 |

❸ 디자인 싱킹에서는 학생들도 수업을 듣거나 활동을 하는 사람이 아니라 함께 연구하는 자가 됩니다. 공동 연구자들은 다음 사항을 지양해야 합니다.

| 비난 – 그것은 지난번에 배운 것이잖아. |
| 금지 – 아니, 그건 안 돼. |
| 지시 – 알려 줄게. |
| 과제 – 알아 와. |

❹ 디자인 싱킹 과정은 다섯 단계입니다. 그 다섯 단계를 그림으로 표현하면 다음과 같습니다. 각 단계는 독특한 그 단계만의 과업이 있고, 그 과업을 성공적으로 수행할 때 다음 단계로 용이하게 넘어갈 수 있습니다. 어느 단계도 소홀히 하지 않고 몰입하는 것이 중요합니다.

공감 단계
주제에 대해 깊이 이해하다.

정의 단계
해결하고자 하는 문제가 무엇인지 정확히 정하다.

아이디어 단계
브레인스토밍 해결 방법 고민 선택과 결정

모형 단계
선택하고 결정한 해결 방법의 모형 만들기

테스트 단계
모형을 계속 테스트하면서 완성도를 높임.

만들다:
메이커의 시대,
창의 공학으로 가르치다

1. 없어져 가는 메이커 재능

메이커!

메이커 운동을 다시 일으켰다고 평가되고 있는 데일 도허티(Dale Dougherty)는 '우리는 만드는 사람들'이라는 TED(Technology, Entertainment, Design) 강의에서 만드는 것이 얼마나 재미있는 일인지를 설명하느라 애썼습니다.

그는 원래 사람들은 날 때부터 만드는 사람들이고, 실제로도 만드는 사람들이라고 반복해서 이야기합니다. 다만 그는 이전 아버지 세대들이 생활에 반드시 필요한 것들을 만들었다면 이제는 무엇인가 독특한 것, 무엇인가 유별한 것을 만들고 즐거워하는 사람들이 생기고 있음을 이야기합니다.

무엇을 위해서라기보다 단지 만드는 것이 좋아서 만드는 사람들이 생겼고, 소비보다 생산에 관심이 많은 사람들이 생겼습니다. 만들어 보고 싶다는 욕구를 가진 사람들은 점점 늘고 있다고 합니다. 그런 것들이 미래의 우리 생활과 연결되는 것이겠지요. 2장에서 소개한 토사 노부미치의 말처럼 아이디어가 땅에 떨어지면 그냥 사라지는 아이디어이지만, 그것이 결과물로 나올 때 창조가 일어나고 변화가 일어나는 것입니다.

● 데일 도허티

 우리는 모두 메이커입니다

무엇인가를 만드는 것은 신나는 일일 것입니다. 어린 아이들은 우유갑 하나를 주어도 여기저기 색종이를 붙여 자기 저금통이라고 만들고, 페트병 하나를 가지고도 로켓을 만든다고 수선을 떨며 신나합니다. 메이커의 시작이고 창의성 발현의 시작입니다.

어릴 때 놀았던 산에서는 나뭇가지를 가지고, 돌을 가지고, 잎을 가지고 얼마나 많은 것들을 만들었는지 모릅니다. 오빠가 만든 새총은 그야말로 탄탄했고, 새총을 잡은 오빠의 모습은 실로 멋있었습니다. 누가 시키거나 가르치지 않아도 필요에 의해, 또는 흥미에 의해 만들기 시작했다면, **만들기 역시 사람이 내면에 가지고 있는 본능임을 인정하지 않을 수 없습니다.**

우리 아버지들은 항상 집에서 무엇인가를 만들었습니다. 모든 것을 살 형편이 안 되었기도 했을 것이고, 고장이 나면 새 것으로 바꿀 여유도 없었을 것입니다. 그래서 현관 구석에는 아버지가 직접 만든 나무로 된 공구함도 있었고, 그 안에는 못이며 망치며 나사며 철사 등이 있었습니다. 수도가 고장나면 직접 렌치를 들고 고쳤고, 연통을 직접 수리하기도 하였습니다. 안테나도 고쳤고, 옥상에 방수막도 직접 치셨던 기억들이 있습니다.

아버지가 하시는 일이 너무 재미있어 보여서 그저 아버지가 "잡고 있어."라고만 해도 신이 났던 기억이 많습니다. 어쩌다가 "너도 한번 해 볼래?"라고 하면 정말 신이 나서 설레는 마음에 얼굴이 붉어지면서 했던 기억도 있습니다. 아버지가 바른 시멘트를 강아지가 밟지 않을까 걱정이었는데, 아침에 일어나 보니 바로 그곳에 강아지 발자국이 떡하니 있었을 때 느꼈던 허망함도 기억이 납니다.

> "저는 무엇이든지 보면 만들 것이 생각나요."
> 4학년짜리 학생이 이야기하였습니다.
> "무엇으로?" 라고 물었습니다.
> "나무하고 돌, 그리고 나뭇잎, 각종 재활용품이요. 그런 것들을 보면 자꾸자꾸 만들고 싶은 마음이 생겨요."
> 그 학생에게 물었습니다.
> "그러면 왜 어른들은 너처럼 만들고 싶은 마음이 안 생기는 것 같니?"
> "귀차니즘이 많아지니까 그런 거 같아요. 귀찮다고 하면서 병에 걸린 거죠."

학생들이 아는 것을 우리가 모르다니!

우리나라가 잘 살게 되면서 그 일은 누군가가 대신하게 되었고, 수리를 하러 가면 "이것은 고치는 것보다 사는 편이 싸요."라는 말도 듣게 되었습니다. 이렇게 변한 것이 그리 오래전 일이 아님에도 불구하고, 우리가 가지고 있던 메이커 기능의 많은 부분을 상실하였습니다. 삶이 너무 바쁘게 돌아갔고 시대도 빠르게 변해 갔습니다. 벽돌 같은 핸드폰을 들고 다니다가 이제 모두 스마트폰을 사용하게 되었고(아직도 폴더 폰이나 피처 폰을 쓰고 있는 사람들도 있지만), 물건을 만들어서 사용하는 사람들이 거의 없는 시대가 되었습니다.

그러나 사실 누군가가 만들었기 때문에 대부분의 사람들이 사용하고 있는 것이 아닐까요? 만들기를 안 하면서 점차 만들기가 어렵다는 생각이 들고, 4학년 친구의 말처럼 귀차니즘이 생겨서 점차 기술자를 찾기 시작한 것이지, 실은 우리 모두가 만드는 본능이 있는 사람들이 아닐까요?

배가 고프면 이 재료 저 재료를 섞어서 요리를 하고, 예쁜 종이를 보면 책갈피로 쓰느라고 접어서 만들고, 크리스마스가 되면 트리에 매달 구슬을 만드는 우리였습니다.

만들다 보면 시간이 훌쩍 지나가 있는 것은 우리가 그만큼 집중했음을 알려 주는 깨우침이 아닐까요?

우리나라에서 가장 인기를 얻었던 메이커 분야는 요리와 인테리어라고 할 수 있습니다. 한동안 모든 채널에서 셀프 인테리어와 요리에 대한 방송이 나왔었습니다. 그러나 별로 오래 가지 않는 프로그램이 되었습니다. 인터넷의 영향도 컸으리라 짐작됩니다. 자기 집을 자기가 꾸미는 것에 관련된 영상들이 나오면서 붐이 일어났고, 특히 가격 면에서 저렴하게 꾸밀 수 있다는 인식이 공유되면서 한동안 목공, 페인팅 등과 관련한 유행이 일었습니다.

무엇보다 인테리어에 대한 두려움을 없애 주었습니다. 요리 또한 마찬가지입니다. 어떤 출연자가 누구나 쉽게 요리할 수 있다는 인식을 심어 줌으로 인해서, 유명한 한식 요리 전문가에게 배우거나 요리 학원에 다니지 않아도 요리를 할 수 있다는, 더욱이 남성도 쉽게 요리할 수 있다는 인식을 심어 줌으로 인해서, 그 분야에는 붐이 일어났있습니다. 그러니 개개인이 가진 역량이 모두 다른데, 유행이라고 해서 요리와 인테리어로 몰리는 것을 메이커 운동이라고 보기에는 부족함이 많은 것 같습니다.

좀 더 메이커로 들어가 봅시다. 다른 나라는 어떻게 하고 있을까요? 우리는 '사농공상(士農工商)' 때문에 아직 만들기, 즉 공(工)의 가치를 절하하고 있는 것은 아닐까요? 언젠가 유행하였던 맥가이버를 기억하나요? 콜린 세이퍼트(Coleen Seifert)와 리 데이비드 즐로토프(Lee David Zlotoff)의 책 **맥가이버 시크릿(MacGyver Secret)**은 한동안 유행한 TV 시리즈 맥가이버를 다시 들여다보게 합니다.

맥가이버 시크릿의 슬로건은 '당신 내면의 맥가이버를 깨워 문제를 해결하세요(Connect to your inner MacGyver and Solve Anything.).'입니다. 맥가이버 시리즈에서 항상 맥가이버는 어려움에 처하고, 그 어려움을 해결하기 위해 주변에서 찾을 수 있는 클립이나 못, 철사, 파이프 혹은 종이 등을 사용하여 문제를 해결했던 기억이 있습니다. 이를 세이퍼트와 즐로토프는 **'압박감 속에서의 문제 해결(solve problem under pressure)'**이라고 명명하였습니다. 맥가이버 시리즈를 기억하는 사람들에게 향수를 불러일으키는 용어임에 틀림없습니다. 또한 압박감 속에서의 문제 해결은 본 책에서 일관성으로 끌고 가고 있는 디자인 싱킹과도 연관성이 높습니다.

문제의식 없이 무엇인가를 만들게 하는 것은 창의 공학과는 거리가 있습니다. '무엇'이 있어야 한다고 3장에서 언급했듯이, 창의 공학은 바로 맥가이버 시크릿과 가깝습니다. 세이퍼트(Seifert)도 모든 사람들은 맥가이버의 능력을 가지고 있고, 펜과 종이만 있으면 누구나 내면에 있는 맥가이버를 끄집어낼 수 있다고 말합니다.

학생들이 어디까지 만들 수 있을까요

디자인 싱킹과 창의 공학에 대한 글을 쓰면서 우리가 갖게 된 문제의식은 우리나라 사람들이 보편적으로 학생들을 성인보다 낮은 존재로 본다는 것입니다. 학생들은 배우고 익혀야 하고, 그것을 가르치는 사람은 성인이어야 한다는 관념이 매우 고정적입니다. 그러나 자세히 들여다보면 어린 학생들에게 성인이 얼마나 많이 배우고 있는지 모릅니다. 그래서 성인들은 점점 더 자신들의 세계를 지키기 위해, 학생들에게 "너희는 아직 몰라."라는 말을 하고, "너희는 더 배워야 해."라고 강조하고 있는지도 모릅니다.

때로는 절차를 복잡하게, 또는 많이 제시해서 학생들로 하여금 보다 쉽게 만들지 못하도록 하는 경우도 있습니다. 물론 의도한 것은 아니지요. 이번 장에서는 학생들의 역량이 어디까지 이르는지 둘러보기로 합시다.

전 세계적으로 학생들이 참여할 수 있는 여러 대회가 있습니다. 그 중 이매지네이션 파운데이션(imagination foundation: www.imagination.org)에서 매년 개최하는 국제 발명 대회(Global Inventors Challenge)를 소개해 보기로 합니다.

이 대회는 모든 연령의 학생들이 참여할 수 있는 온라인 형태의 대회입니다. 스스로 디자인하고, 모형을 만들고, 테스트하여 완성하는 전체 과정을 만들어 유튜브에 올리는 형식입니다. 여기에 출전한 학생들의 모습이나 결과물을 사이트에서 확인할 수 있습니다. 본 장에서는 학생들이 어디까지 만들 수 있는지를 이야기하기 위해 몇 개의 사례를 다루기로 합니다.

학생들이 가장 많이 접하는 환경은 '책상'과 관련되어 있습니다. 그래서 학생들이 사상 문제를 많이 발견하는 것도 책상입니다. 여기 책상과 관련된 발명품을 소개하겠습니다. 우리나라의 4학년 여학생은 자기 방에 들어갈 때 책상이 덩그러니 보이고 마치 책상이 "공부해. 공부해."라고 외치는 듯하다는 문제의식을 가지고 'Play Desk'를 만들었습니다. 공부하다가 간식이 먹고 싶으면 도르래를 이용하여 매달린 바구니를 끌어올려 간식을 꺼내 먹고, 친구가 놀러 오면 가운데 놓인 간식 책상에 음료수나 간식을 올려놓고 이야기할 수도 있습니다.

그런데 이와 유사한 동영상들을 발견할 수 있었습니다. 책상에 물건이 너무 많이 쌓이게 되고 연필 하나를 찾으려고 해도 책상 위에 쌓인 물건들을 다 뒤적이는 것이 싫었던 세 명의 여학생들은 도르래를 이용해서 'The Desk Pulley System'을 만들었고, 책상 옆에 폴더를 여러 개 붙인 새로운 책상을 만든 학생, 그리고 열었다 닫았다 할 수 있는 책상을 만든 학생도 있었습니다.

다음으로 학생들이 많이 접하는 환경을 '바깥놀이'로 잡아 보았습니다. 놀이하면서 느낀 불편함이나 운동의 강도를 높이고 싶은 욕구들이 반영되었습니다. 한 학생은 자신이 타고 놀았던 자전거들이 점차 너무 작아져서 엄마가 "버려라."라고 할 때마다 아깝다는 생각이 들기도 했고, 좀 더 멋진 자전거를 만들고도 싶어서 자신만의 다기능 자전거를 만들었습니다.

이와 유사한 것들도 유튜브에서 어렵지 않게 찾을 수 있습니다.

4. 만들다: 메이커의 시대, 창의 공학으로 가르치다 |

요즘은 이런 작업들에 대한 영상들이 블로그나 페이스 북을 통해 전달되며 엄청난 속도로 전파됩니다. 메이커를 위한 커뮤니티들도 많이 생기고 플랫폼 형태의 메이커 스페이스도 그 유행을 불러일으키는 데 큰 몫을 하였습니다. 긴 시간 동안 연습해야 하고 대규모 설비가 필요하던 시대가 아니라, 어느 곳에서나 공개적으로 그것도 값싼 비용으로 기술을 배울 수 있고, 더구나 디지털 기술의 연합으로 만들기 자체가 쉬워진 것도 메이커 운동이 일어나는 데 기여했습니다. 우리나라에도 팹랩(Fablab Seoul / Fabrication Laboratory Seoul), 서울 혁신센터 등이 이에 기여하고 있습니다.

창의성의 산실로 유명한 MIT 미디어랩은 '시연하느냐 죽느냐(demo or die)'라는 철학으로 유명합니다. 생각이 현실이 되기 위해서는 생각에 형체를 입혀야(make) 하고, 초기에 볼품없었던 형체는 아이디어를 공유(share)하고 시연(demo)하며 발전합니다. 이 메이커의 산물은 피드백과 피봇팅(고객의 입장에 맞추어 생각을 전환하고 혁신하는 것)의 과정 속에서 삶을 바꾸고 나아가 사회의 문제를 해결하는 유익한 발명품이 됩니다.

과학기술정보통신부에서는 '메이커'를 **디지털 기기와 다양한 도구를 사용한 창의적인 만들기 활동을 통해 자신의 아이디어를 실현하는 사람으로서, 함께 만드는 활동에 적극적으로 참여하고 만든 결과물과 지식, 경험을 공유하는 사람들**이라고 정의하였습니다.

물건을 사지 않고 빌리거나 공유하는 것이 일반화되고, 사람의 일을 로봇이 대신하는 무인기가 상용화되며, 디지털 화폐의 등장으로 금융 패러다임 자체가 바뀌는 등 기술 혁신이 실현되면, 모든 것이 무료화가 추진됨과 동시에 모든 사람들에게 기본 소득이 제공되는 시대가 올 것입니다. 이때 기본 소득이란 공유재의 개념에서 나온 시민 배당의 특성을 갖는 것으로, 재산이나 노동 여부와 상관없이 모든 사회 구성원에게 균등하게 지급되는 권리를 말합니다. 저자는 이러한 기본 소득 제도가 머지않은 미래에 실현될 수 있다고 예측하며, 이를 통해 흔히 말하는 '일자리'의 개념 또한 새로운 시대에 맞게 진화할 것이라고 전망합니다.

이로 인한 가장 큰 변화는 '일'에 대한 거대한 인식의 변화가 만들어질 것이라는 점입니다. 일자리의 개념이 생계를 위해 어쩔 수 없이 짊어져야 하는 책임감이 아니라, 진짜 자신이 좋아하는 것들을 발견하고 찾아내서 실현하는 창의성으로 바뀔 것입니다. 또한 사람들은 기계나 컴퓨터가 할 수 없는 새로운 창조적 일들을 찾아내 스스로 일하고 만족을 얻는 '일거리'를 창출하게 될 것입니다. **학력이나 성별, 나이를 불문하고 누구든지 직접 아이디어를 내고 제품을 만들어 창의성을 발현**하는 '메이커(Maker, 1인 기업)'들이 무수히 많이 나오는 시대, 이것이 바로 우리가 마주하게 될 일자리의 미래, 메이커의 시대라는 것입니다.

오늘날 메이커는 '차고(garage)'의 땜장이(tinkerer)부터 발명가, 공예가, 창작자, 혁신가 등 그 모두를 포괄합니다. 메이커는 관심과 주의를 기울이는 호기심에 그치지 않습니다. **메이커는 끊임없이 만들고, 공유하며, 혁신합니다.**

2. 기술을 넘어선 공학

창의 공학은 창의(creativity) + 공학(engineering)입니다. 본 책에서는 특히 창의성을 창의적 마인드에 초점을 두고 봅니다. 따라서 창의 공학은 공학에 관련된 훈련된 기술과 마인드, 그리고 종합적 마인드를 가지고 창의적 마인드를 발휘하는 것이라고 보면 비교적 정확합니다.

그렇다면 궁금한 것은 '무엇을 어떻게 만드는가?'입니다. '무엇을'은 창의와 관련된 것이고 '어떻게'는 공학과 관련된 것입니다. '무엇을'은 이미 2장에서 다루었기에 본 장에서는 '어떻게', 즉 공학을 이야기하기로 합니다.

공학(Engineering)은 어떻게 분류되는가

공학의 분류는 어떻게 해야 할까요? 시대가 흐르면서 점차 공학의 분야는 세분화되어 가고 있습니다. 최근에는 융합의 개념이 대두되면서 다시 모으자는 분위기가 있는 것도 사실이지만, 여전히 대학교마다 공학의 분야는 매우 세분화되어 있는 것이 사실입니다.

공학이 현재의 문제 해결에 집중하기 때문에 그때그때 대두되는 문제에 따라 분류되는 것이 옳은 것일까요? 아니면, 대학교의 입장 변화에 따라 분류의 변화가 생기는 것이 옳은 것일까요? 그러면, 자라나는 세대들은 어떤 공학 분야에 맞추어 경험하고 자신의 진로를 탐색해야 할까요?

공학, 엔지니어링!

공과 대학교 학생이 아니면 그리 즐겨 사용하지는 않는 단어입니다. 왠지 어려울 것 같고, 겁이 나기도 하고, 쉽게 접근하기 어려운 분야 같기도 합니다. 대학원 논문을 쓸 때 공학도들이 부러웠던 적이 있었습니다. 사회 과학 관련 논문은 비전공자들도 읽고 비판할 수 있는데, 공학 관련 논문은 내용을 잘 모르기 때문에 비전공자들은 그저 "잘 썼다."라고 할 수밖에 없었고, 논문의 쪽수도 적었기 때문입니다. 엔지니어에 대한 흥미로운 그림이 있어 소개합니다.

단순히 '공돌이' 혹은 '기술자' 정도로 인식되던 엔지니어는 시대의 흐름에 따라 어쩌면 가장 힘이 있는 존재로 부상하고 있는지도 모릅니다. 엔지니어는 새로운 것들을 발견하고, 질문을 하고, 발명하고, 문제를 해결하기 위해 도구를 사용하고, 주변 세계를 항상 탐색하고, 호기심을 나누고, 그리고 관찰과 고민을 하는 사람입니다. 단순한 기술자가 아니라 이 세상에 퍼져 있는 많은 문제들을 실제로 해결하는 사람입니다.

이미 세계 여러 나라에서는 어린 학생들에 대한 공학 교육을 강조하고 있고, 미국에서는 학생들이 고등학교 졸업 전에 갖추어야 할 기술적 소양을 함양시키기 위한 기준을 제시하고 있습니다.

우리나라도 마찬가지입니다. 우리나라에서는 2011년에 공학을 포함한 과학, 기술, 예술, 수학 교과의 융합 교육을 통한 창조적이고 융합적인 인재 양성을 위한 융합 인재 교육(STEAM)을 강화하였습니다. 2015년 개정 교육과정에서는 기술에 대한 실천적 학습 경험을 통해 기술적 지식, 태도, 기능을 함양하여 기술적 능력을 높이고, 기술 문제 해결 능력, 기술 활용 능력, 기술 시스템 설계 능력을 기르는 것을 주요 목표로 하였습니다.(국가교육과정정보센터, 2015)

그러나 초 · 중등 교육에서의 공학 교육에 대한 이해 부족과 연구 부족으로 혼란을 겪고 있으며, 실제로 공학 관련 교육을 시행하는 교사조차 실제적으로 공학 교육을 어떻게 해야 할지 알지 못하는 상황입니다.(김영민 외, 2016)

천천히 안내해 보겠습니다.

공학에 대한 정의를 국어사전에서 보면 **'공업의 이론, 기술, 생산 따위를 체계적으로 연구하는 학문'**이라고 정의되어 있으며, 그 분야는 '전자, 전기, 기계, 항공, 토목, 컴퓨터 등의 여러 분야가 있다.'라고 적혀 있습니다. 그리고 이런 정의를 기초로 공학은 전기전자, 기계제어, 역학, 화학공학, 토목건축공학으로 나뉘는 것이 일반적인 경우입니다. 그러나 위에서도 언급하였듯이 에너지 문제와 지구 환경 문제는 계속 심각해지고 있으며, 기술의 발달로 인해 공학의 분야는 계속 세분화되고 있습니다. 이에 대해 잠시 살펴봄으로써 이해를 돕기로 하겠습니다.

2001년 한국교육개발원의 학과 분석 및 학과 분류 체계 연구에 의하면 공학 계열은 01 건축(건축공학/설비, 건축학, 조경), 02 토목/도시공학(토목, 도시공학), 03 교통/운송(지상 교통, 항공, 해양), 04 기계/금속(금속, 기계, 자동차), 05 전기전자(제어계측, 전기, 전자), 06 정밀/에너지(광학공학, 에너지), 07 소재/재료(반도체/세라믹, 섬유, 신소재, 재료), 08 컴퓨터/통신(컴퓨터, 멀티미디어, 응용소프트웨어, 정보, 통신), 09 기타 공학(화공, 산업공학, 기전공학, 응용공학)으로 되어 있습니다.

반면 2014년 교육부 분류에 의하면 공학 계열은 01 건축(건축, 조경), 02 토목 도시(건설, 토목), 03 교통 운송(지상 교통, 항공, 해양), 04 기계 금속(기계, 금속, 자동차), 05 전기전자(전기, 전자, 제어계측), 06 소재 재료(섬유, 재료, 신소재), 07 컴퓨터 통신(전산컴퓨터, 응용소프트웨어, 정보통신), 08 산업(산업공학), 09 화공(화학공학), 10 기타(기전공학, 응용공학)으로 되어있습니다.

2015년 한국교육개발원의 학과 분석 및 학과 분류 체계 연구에 의하면 공학 계열은 01 건축(건축학, 건축공학), 02 토목 도시(토목, 도시공학), 03 교통 운송(도로공학, 철도, 항만, 공항, 교량공학, 터널공학), 04 기계 금속(기계공학, 금속공학), 05 전기 전자(전기공학, 전자공학), 06 정밀 에너지(에너지공학, 광학공학), 07 소재 재료(섬유, 재료, 신소재), 08 컴퓨터 통신(컴퓨터, 통신공학), 09 산업(산업공학), 10 화공(화학공학, 화학공업과), 11 기타(기전공학, 응용공학, 교양공학)입니다.

2001년과 2014년, 그리고 2015년을 비교해 볼 때 가장 큰 변화는 산업 분야, 그리고 화공 분야의 분리입니다. 2001년 기타 공학에 포함되어 있었던 화공과 산업 공학은 2014년과 2015년 분류표에서는 따로 분리되어 구성되어 있습니다. 그러나 현재 각 대학교의 공과 대학 학과 분류를 일일이 들어가 보면, 이보다 훨씬 더 세분화되어 있음을 알 수 있습니다. 아마도 모든 사람이 공학은 '현재의 문제 해결을 하는 학문 분야'라고 동의하고 있는 듯 느껴질 정도입니다.

에너지 자원 및 환경에 대한 부분도 늘고 있습니다. 그러나 아직은 우리나라의 공과 대학별 학과명이 정체성이 상호 인정되고 있다는 판단이 들지 않아(예를 들어 A 대학교에서는 '에너지자원공학과'이고, B 대학교에서는 같은 커리큘럼을 가진 학과가 '에너지자원과학과'이기도 하는 등의 문제이다.) 기본적으로 본 책은 **한국교육개발원에서 제시한 2015년 학과 분류 체계에 근거**하기로 하겠습니다.

분류별 공학의 정의

(1) 건축 공학(Architectural Engineering)

건축 공학은 학생들이 매우 흥미로워하는 공학 분야입니다. 다만 학생들과 건축 공학 관련 활동을 할 때 제일 주의해야 할 점은, 학생들이 생각은 하지 않고 그저 뚝딱뚝딱 높이 올리는 데에만 관심을 두는 경우가 있다는 점입니다.

건축 공학은 다양한 디자인을 실현시켜 줄 수 있는 구조 방법을 고안하고, 건축물을 구성할 건축 재료의 선정부터 직접 시공에 이르는 현실화 작업입니다. 건축 공학 파트에 건축학을 포함시키기는 하는데, 건축학은 보다 디자인에 가까운 학문이고 공학 파트는 건축 공학이라고 할 수 있습니다.

(2) 토목 / 도시 공학(Civil and Urban Engineering)

토목 공학은 자연 과학을 이용하여 모든 공학의 근간을 이루는 분야로 도로, 교량, 고층 구조물, 터널, 철도 및 지하철, 공항, 항만 및 해양 시설, 댐, 운하, 발전소 및 플랜트 설비 등 각종 사회 기반 시설물의 계획, 설계, 해석, 시공, 유지 관리, 운용 및 철거, 그리고 상하수도, 수로, 하천 등의 수자원 및 교통, 도시 계획 등 국토 건설, 산업 입지 조성 등 인류 생활 환경 관리에 관한 이치와 방법 등을 연구하는 학문입니다. 또한 지형 공간 정보, 우주 정거장 및 기지와 같은 인류 미래를 위한 지구 환경의 유지, 개발 및 관리와도 연계되는 응용과학 기술 분야로서 기술 집약적인 최첨단 학문입니다.

도시 공학은 도시를 공학적으로 분석하고 신도시 건설 여부, 도시 계획의 작성 및 실시, 도시 문제의 해결 등을 연구하는 학문입니다. 도시 공학에서는 도시를 조성하고, 경제 발전과 사회 환경을 조화시키는 것을 목표로 삼고 있습니다. 토목 공학이나 건축 공학과 긴밀하게 연결되지만 보다 통합적일 수 있습니다. 왜냐하면 도시 공학에는 경제, 사회, 교통, 주택, 환경, 복지, 그리고 개개인의 삶까지를 반영하는 것이 필요하기 때문입니다. 미래 도시 문제의 해결은 학생들에게 다양한 경험과 성취감을 주고, 구체성을 경험할 수 있는 좋은 주제인데 도시 공학 분야와 관련하여 활동할 수 있습니다.

(3) 교통 / 운송 공학(Transportation Engineering)

교통, 그리고 운송 공학은 교통의 기능과 안전성의 향상, 주변 환경과의 조화 등을 공업적인 부분에서 연구하는 학문입니다. 교통은 인간의 이동과 관련하여 변화에 따라 지속적으로 연구하고 개발할 것들이 있고, 학생들의 관심과도 밀접하게 관련되기에 활동에 몰입할 수 있도록 하는 데 용이합니다. 드론에 대한 관심도 있고, 무인 자동차에 대한 것도 관련되어 있어 앞으로의 전망도 가시적입니다.

(4) 기계 / 금속 공학(Mechanical Engineering and Metallurgy)

기계 공학은 어쩌면 인간의 삶에 있어서 가장 오래된 공학이라고 할 수 있습니다. 인간이 만든 세상에서 살고 있다는 것은 어떤 형태로든 인간이 만든 기계를 가지고 살고 있다고 볼 수 있기 때문입니다. 4대 역학을 기반으로 기계 및 관련 장치 설비의 설계, 제작, 성능, 이용, 운전 등에 관하여 기초적 또는 응용적 분야를 연구하는 공학입니다.

금속 공학은 금속의 물리적 • 화학적 성질, 또는 새로운 금속을 만들어 내는 방법 등을 연구하는 분야입니다.

(5) 전기 전자 공학(Electric and Electronic Engineering)

전기 전자 공학은 무엇인가를 만드는 데 있어서 전자 공학은 전자의 힘을 빌려서, 전기 공학은 전기의 힘을 빌려서 만드는 것이라고 이해하면 됩니다. 좀 더 학문적으로 이야기하자면 전자 공학은 약전, 전기 공학은 강전을 이용하는 것이지만 학생들을 대상으로 하는 활동이니 위의 정의 정도를 알아 두면 될 것 같습니다.

교육 현장에서 만나는 학생들은 전선을 가르거나 전선 껍데기를 잘라 그 안에 있는 전선들을 꼬고, 그래서 콘센트에 연결하는 것 등이 익숙하지 않습니다. 그러나 건전지, 구리 선, 자석 정도만 있어도 학생들과 전기 공학 관련 활동을 시작해 볼 수 있습니다. 과학 상자가 제품으로 나와 있으나 교사가 사용하기에는 고가인 경우가 많아서 어려울 수 있습니다. 과학 상자 없이도 얼마든지 전기 공학과 관련된 활동을 할 수 있습니다. 최근에는 종이에 회로를 넣어서 파는 제품들도 있습니다. Chibitronics 홈페이지 등에서 다양한 활동으로 확장해서 진행할 수 있습니다. 다만 그 전에도 기본적인 기술이나 전기 기구들의 기능은 어느 정도 지도하고 가는 것이 좋습니다.

전자 또한 마찬가지입니다. 기본적인 원리를 가르치자니 학생들이 너무 어려워할 수 있습니다. 그러나 컴퓨터 프로그램과 연결된, 혹은 스마트폰의 애플리케이션과 연결된 활동만으로도 학생들과 전자 공학 활동을 할 수 있습니다.

(6) 정밀 / 에너지 공학(Mineral Engineering)

점차 에너지 자원 확보 문제가 심각해질 것으로 예상되는 현시점에 가장 시의(時宜)적인 공학 분야라고 해도 과언이 아닙니다. 에너지 자원과 광물 자원의 탐사와 생산, 분배, 재활용, 그리고 이와 관련된 국가 정책과 지구 환경 변화 등 인류와 에너지 자원과의 상호 관계를 다루는 학문 분야입니다. 석유, 가스 등 전통 화석 에너지원에서 지열 및 바이오 에너지, 하이드레이트, 폐기물 에너지 등 신 • 재생 에너지원을 모두 포함합니다. 앞으로 부족해질 에너지 자원에 대한 고민에 집중하는 공학 분야임에는 틀림이 없습니다.

(7) 소재 / 재료 공학(Materials Engineering)

재료 공학은 재료 자체의 분류에 따라 여러 가지로 분류됩니다. 금속 재료, 무기 재료, 유기 재료, 복합 재료 등 다양한 주제를 다루기 때문입니다. 그래서 공학의 범주에 들어가기는 하지만 오히려 자연 과학적인 느낌도 듭니다. 하나하나의 재료에 대한 깊은 이해를 반영하기 때문입니다. 이런 자연 과학의 느낌 때문에 융합, 즉 'STEAM'에서 좋은 활동이 이루어집니다. 최근 의료 분야와 관련해서 발생하는 나노에 대한 관심도 이와 연결됩니다. 현재 나노 과학은 인체에 대한 진단 및 치료에 광범위하게 사용되기 시작하였습니다. 반도체 사업과 LED도 관련이 되므로 전자 공학 및 전기 공학과도 연결됩니다.

(8) 컴퓨터 / 통신 공학(Computer Engineering)

컴퓨터 공학은 용어 그대로 컴퓨터의 하드웨어 및 소프트웨어와 관련된 분야입니다. 우리나라에서는 인기가 덜해졌다고 보도된 바 있지만, 여전히 미래와 관련하여 뜨거운 분야임에는 틀림이 없습니다. 기초 분야로는 전자기학과 회로, 그리고 오토마타와 알고리즘 등의 지식이 필요하며, 실제적으로 나아가서는 프로그래밍, 코딩까지를 연결하기 때문에 학생들에게 익숙해져야 할 분야 중의 하나라고 볼 수 있습니다.

(9) 산업 공학(Industrial Engineering)

산업 공학은 모든 시스템을 조화롭게 관리하는 역할을 담당하는 공학 분야로서, 주로 산업 및 인간과 관련된 모든 시스템과 인터페이스에 대한 연구, 그리고 시스템과 인터페이스의 최적화와 효율성에 초점을 두고 문제를 해결하는 공학 분야로 이해하면 됩니다.

그러나 최근 들어 산업 공학의 목적이 공학적 접근보다는 경제적 효율성 추구, 즉 최적화라는 지적과 반성으로 인해 산업경영학과로 변화되고 있는 추세입니다.

(10) 화학 공학(Chemical Engineering)

화학 공학은 어떤 원료 물질에 화학적 변화를 일으켜 사람이 살아가는 데에 사용되어 온 각종 물질들을 대량으로 만드는 방법 및 그 이용에 관하여 연구하는 공학의 한 분야입니다. 최근 대학교의 화학 공학과에서는 그 범위가 넓어져 에너지 공학, 환경 공학, 생명 공학 등을 다루고 있지만, 기본적으로는 화학 공정에 대한 분석력과 응용력을 갖추는 것이 요구되는 분야입니다. 반드시 그 결과가 사람이 살아가는 것과 관련되므로 단순한 과학 실험과는 명확히 구분됩니다. 음식물 쓰레기에 대한 화학적 변화를 통해 무해한 비료를 만드는 것 등으로 이해하면 좋습니다.

3. 도구, 무한한 가능성

도구들마다, 또 공구들마다 그 종류가 다양하고 쓰임새가 다양합니다.

학생들과 창의 공학 활동을 하면서 그저 '망치와 못'이라고 하면 준비하는 데 어려움이 많을 수 있습니다. 학생들과 창의 공학 활동을 할 때 사용하게 되는 공구나 도구의 종류는 그리 많지 않지만, 정확하게 안내하는 것은 필요합니다.

본 책에서는 학생들과 활동할 때 기본적으로 안내하게 되는 사항에 대해 제시하고자 합니다.

전기 공학과 관련된 도구들

(1) 피복(Covering)

전선을 콘센트에 새로 연결하려고 하거나 특정 목적에 따라 전구에 연결하려고 할 때 전선의 껍질을 벗기게 됩니다. 최근에는 자동 스트리퍼라는 공구가 나와서 편하게 할 수 있지만, 학교에서 활동하면서 그 공구를 구매해서 사용하기는 어렵습니다.

피복의 경우 가위를 사용해서 자르면 속의 전선까지 잘라지므로, 펜치로 힘을 주거나 칼로 겉면만을 돌려 자른 후 잡아당기면서 벗기도록 합니다.

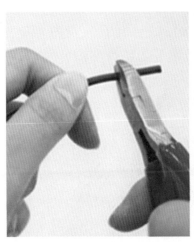 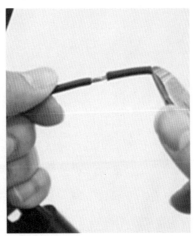

2) 플러그(Plug) 연결하기

전기 작업을 하다가 전선을 피복하고 그 전선을 플러그에 연결하는 경우가 있습니다. 피복한 전선을 왼쪽으로 돌려 꼬아 사진과 같이 양쪽으로 분리하여 감고 드라이버로 나사못을 고정시킵니다. 풀어 놓았던 나사를 그대로 다시 꽉 감은 후 당겨 보아 전선이 잘 고정되었는지 반드시 확인해야 합니다. 완전하게 연결되었다고 하더라도 학생들과 활동할 때에는 안전에 유의해야 합니다.

(3) 절연 테이프(Insulation Tape)

주로 전기 테이프라고 불리는 절연 테이프는 문방구에서도 쉽게 구입할 수 있고, 색상이 다양하여 꾸미는 느낌도 가질 수 있습니다. '절연 테이프'가 정확한 명칭으로 전기 기기나 통신 기기, 전선, 케이블 및 그 접속 부분 등의 절연에 사용되는 테이프입니다.

(4) 구리 선(Copper Wire)

구리 선은 굵기가 굵을수록 전기가 잘 통하지만 학생들과 활동할 때는 구부리기 좋은 정도의 얇은 구리 선을 사용해도 무방합니다. 구리 선과 건전지만으로도 다양한 활동을 할 수 있으며, 자르기도 어렵지 않아 활용하기 좋습니다.

(5) 전기 모터(Electric Motor)

전기가 있는 한 가장 좋은 동력원입니다. 학생들과 활동을 하면서 전기 모터를 제시하면 활동에 불을 지르는 것과 같습니다. 모터는 학생들에게 다양한 창의성을 불러일으키는 좋은 도구입니다. 그러나 속도가 생기므로 항상 안전에 신경 써야 합니다.

기계 제어와 관련된 도구들

(1) 톱니바퀴(Gear)

톱니바퀴 또는 기어는 톱니의 맞물리는 힘으로 동력을 전달하는 장치이고, 단순 기계이므로 학생들과 활동하기에 좋은 도구입니다. 그러나 미끄럼이 일어나기 쉽고, 축받이에 신경을 써야 하는 부분이 있습니다.

톱니바퀴를 서로 연결하는 것이 생각보다 쉽지 않습니다. 서로 맞물려 돌아가는 부분에 신경을 써서 활동해야 합니다.

(2) 도르래(Pulley)

도르래는 바퀴에 줄 등을 걸고 물건을 들어 올리거나 잡아당기는 기구입니다. 도르래의 원리를 알면 학생들이 스스로 만들어서 사용할 수도 있습니다. 고정만 정확히 하면 크게 어려움이 없는 것이라서 활용하기 좋습니다.

도르래는 아래위가 막혀 있는 도르래가 있고 아랫부분이 뚫려 있는 도르래가 있습니다. 대부분의 활동에서 아랫부분이 뚫려 있는 도르래를 많이 사용합니다.

토목건축 공학과 관련된 도구들

(1) 망치

공구하면 가장 많이 떠올리는 도구이며 쓰임새도 많습니다. 누구나 사용 방법을 알고 있다고 생각하지만 적절하게 사용하지 않으면 손을 가장 많이 다치는 공구이기도 합니다.

망치를 사용할 때는 가는 펜치로 잡고 치도록 지도합니다. 망치를 처음 사용하는 학생은 두꺼운 스티로폼을 이용하여 연습하고 난 후에 사용하도록 합니다.

(2) 렌치(wrench)

잡아 주는 역할을 하는 도구로서 고정식도 있고 가변식도 있습니다. 주로 너트나 볼트를 죄고 풀며, 물체를 조립하고 분해할 때 사용합니다. 가운데 있는 돌리개를 활용하여, 볼트나 너트의 네모난 면에 맞추고 돌리면 꽉 물리게 할 수 있습니다.

(3) 펜치(Pliers)

손에 쥐고 철사를 끊거나, 물체를 집거나 구부릴 때 사용하는 공구입니다. 흥미로운 것은 왜, 언제, 누구에 의해 잘못 전달되었는지는 모르지만 영어 이름에는 펜치가 없다는 것입니다. 영어식 이름은 플라이어스(Pliers)입니다.

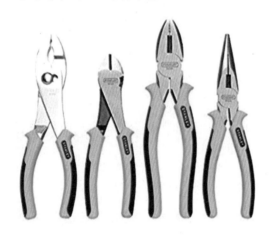

주로 사용되는 도구들을 기준으로 설명하였기에 설명되지 않은 도구들이 많이 있습니다. 소개하지 못한 도구들을 2부 활동편에서 사용하게 되는 경우, 사용 방법 및 소개를 추가하도록 하겠습니다.

4. 창의 공학에 대한 오해와 진실

① 창의 공학은 공과 대학교에 갈 학생들을 위한 것이다

　창의 공학에 대해 이야기할 때 사람들이 가장 많이 보이는 반응은 "그거 공과 대학교에 갈 학생들이 하는 것 아닌가요?"입니다. 답부터 말하자면 '아.니.다.'입니다. 발 빠르게 움직이는 영재 교육원들은 4차 산업 혁명 시대에 능력을 발휘할 수 있는 융합형 인재에 대해 강조하고 있습니다. 그리고 이미 우리나라에서는 STEAM형, 즉 과학, 테크닉, 엔지니어링, 예술, 수학의 융합이 필요함을 인식하고 전 국가적인 교육의 방향을 STEAM으로 정해 학교 현장으로 전달하였지요.

　창의 공학은 STEAM 교육의 가장 뜨거운 부분이기에 공과 대학에 가고자 하는 학생 뿐 아니라 모든 학생들에게 필요한 교육입니다. 이미 외국에서는 유아에서부터 고등학생, 대학생까지를 대상으로 창의 공학 활동을 제안하고 있습니다. 어린 아이들을 대상으로 하는 엔지니어링 사이트들에서도 건축이나 기계 공학, 토목 공학과 관련된 활동들을 구체적으로 제시하여 가정이나 학교에서 쉽게 활동할 수 있도록 안내하고 있으며, 그 연령은 유아들까지로 확장되어 있습니다. 이러한 추세라면 우리나라의 창의 공학은 이미 꽤 늦었다고 볼 수 있습니다. 그러니 공과 대학생들이 하는 활동이라는 오해를 버리고, 보다 빨리 모든 학생들을 대상으로 창의 공학 활동을 해야 하겠습니다.

② 창의 공학 활동은 어렵고 위험하다

　모든 교육이 그러하듯이 공학도 어린 아이들을 대상으로 시작되어야 합니다. 영어와 마찬가지이지요. 학문의 가장 큰 저해 요인은 '겁'입니다. 쓸데없는 '겁'은 학습을 방해합니다. '공학' 하면 어렵다는 생각이 들고 공학이라는 말이 들어가면 무조건 위험하다는 생각을 먼저 하지요. 납땜이나 용접을 생각하거나, 모터가 돌아가고 손이 다치는 것을 상상하기 쉽기 때문입니다. 그러나 공학의 분야는 매우 넓고 대부분 안전장치가 되어 있어서, 그 장치에 맞는 행동만 하면 다칠 위험이 거의 없습니다. 또한 공학은 절차가 정해져 있고, 그 절차를 따라 하면 같은 결과가 나오는 구조이므로 덜 어렵습니다.

창의 공학 활동을 하려면 수학을 잘해야 한다

공학을 전공하려면 수학을 잘해야 한다는 것은 오랫동안 이어진 생각입니다. 100% 오해라고 이야기할 수도 없지요. 일정 부분 사실이기 때문입니다. 다만 오해라는 범주에 포함시킨 이유는 표준 교과 과정에서의 수학보다는 '수학적 사고'에 관련되기 때문입니다.

수학적 사고란 생각을 틀을 달리하여 문제를 해결하는 것입니다. '수학, 생각의 기술'이라는 책을 낸 박종하(2015)는 생각을 확인하고, 개념을 생각하고, 생각을 연결하고, 다양한 방향으로 생각하며, 패턴을 생각하고, 한 단계 위에서 생각하는 것, 그리고 미지의 것을 생각하는 것을 수학적 사고 능력이라고 하였습니다. 창의 공학을 하려면 표준 교과로서의 수학을 잘해야 하는 것은 아니지만, 수학적 사고 능력이 필요한 것은 사실입니다. 수학적 사고 능력은 앞으로 미래를 살아갈 학생들이 갖추어야 할 능력 중의 하나이니, 창의 공학 활동을 통해 흥미롭게 익히도록 하는 것이 적절하다는 것입니다.

 ## 창의 공학 활동은 재료비가 많이 든다

창의 공학 활동은 재료비가 많이 들 것이라는 생각 또한 오해입니다. 공구함에 여러 가지 비싸 보이는 공구들을 넣고 다니는 사람만이 할 수 있는 일로 여겨지기도 합니다. 그러나 공학을 재료로 승부를 거는 듯한 느낌을 준 것은 교육계의 잘못입니다. 공학이야 말로 원리를 정확히 전달하는 것이 중요하지, 재료는 거의 상관이 없다고 해도 과언이 아닙니다.

원리를 알면 오히려 주변에 있는 모든 것들이 재료가 될 수 있어서 비용이 거의 들지 않습니다. 공구 또한 공구상에 가보면 견고함이나 정교함이 남달라야 하는 공구 외에는 고가의 것이 거의 없습니다. 그러니 창의 공학 활동이 재료비가 많이 든다는 것은 오해입니다.

 ## 창의 공학 활동은 학업 성적과 관련이 없다

창의 공학 활동과 관련된 가장 큰 오해는 학업 성적과 관련이 없다는 것입니다. 창의 공학 활동과 학업 성적은 '창의 공학 활동을 많이 할수록 학업 성적이 좋아진다.'라고 하는 것도 부적절하고, '창의 공학 활동을 많이 할수록 학업 성적이 나빠진다.'라고 하는 것도 부적절합니다.

장기적으로 보자면 창의 공학 자체가 문제 해결력을 추구하는 것이므로 인간의 유능함과 관련이 높습니다. 창의 공학은 메이커 본능과 관련되어 있습니다. 문제 해결력과 직접적으로 연결되며, 몰입력을 가지게 하고, 분석력도 기본 능력으로 요구됩니다. 이러한 모든 것이 학업, 특히 자신의 진로 개발에 필수적인 요소이니 이렇게 연결해 보면 오히려 창의 공학 활동은 학업 성석과 관련이 낳습니다. 그러나 학업 성적이 '이번 학기 중간고사 성적'을 이야기하는 것이라면 그 관련성은 '없다.'가 아니라 '이야기할 수 없다.'입니다.

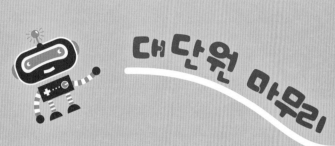

❶ 메이커의 시대가 왔다고 합니다. 그러나 이전 세대의 메이커와는 차이가 있지요.
이전 아버지 세대들이 생활에 반드시 필요한 것들을 만들었다면, 이제는 무엇인가 독특한 것, 유별한
것을 만들고 즐거워하는 사람들이 생기고 있음을 이야기합니다.
무엇을 위해서라기보다 단지 만드는 것이 좋아서 만드는 사람들이 생겼고, 소비보다 생산에 관심이
많은 사람들이 생겼습니다. 만들어 보고 싶다는 욕구를 가진 사람들은 점점 늘고 있다고 합니다. 그런
것들이 미래의 우리 생활과 연결되는 것이겠지요.

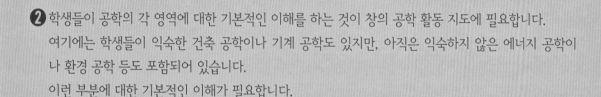

❷ 학생들이 공학의 각 영역에 대한 기본적인 이해를 하는 것이 창의 공학 활동 지도에 필요합니다.
여기에는 학생들이 익숙한 건축 공학이나 기계 공학도 있지만, 아직은 익숙하지 않은 에너지 공학이
나 환경 공학 등도 포함되어 있습니다.
이런 부분에 대한 기본적인 이해가 필요합니다.

❸ 창의 공학에 관련된 여러 가지 오해들이 있습니다.
그 오해들은 학생들에게 창의 공학을 지도하는 데 장애 요소가 됩니다.
교사는 학생들 혹은 학부모님들이 창의 공학에 대한 부적절한 오해를 갖지 않도록 지도해야 합니다.
예를 들어 창의 공학은 공과 대학에 갈 학생들만을 위한 것이라든지, 어렵고 위험하다고 생각하는 것,
그리고 수학을 잘해야 한다는 것과 재료비가 많이 든다고 하는 것, 그리고 학업 성적과 관련이 없다고
생각하는 것 등이 그러한 오해에 해당됩니다.

5

나누다:
의미의 복사와 경험의 축적

1. 의미를 복사하다

나눔이란 무엇일까요?

　일반적인 물건이 아니라 창의적으로 무엇인가를 만들었을 때의 나눔이란 무엇일까요? 나눔은 두 가지로 이야기할 수 있습니다. 하나는 의미의 복사이고, 다른 하나는 경험의 축적입니다.

　의미의 복사란 다른 사람에게 나의 의미를 복사해서 알리는 것을 말합니다. 시대에 맞는 프레젠테이션의 종류와 교육 현장에서의 활용도에 대해 설명해 보겠습니다.

 ## 무엇을 전달할 것인가

　디자인 싱킹과 창의 공학의 기본 담론은 학생 주도적인 활동입니다. 그래서 무엇을 전시할 것인가에 대한 문제도 학생과의 협의를 거쳐 이루어져야 합니다. 다만 교사는 그 방향에 대해 알고 있어서, 단지 '나열함' 혹은 '병렬 형태의 전달'이 아니라 '의미성'을 가지고 전달이 될 수 있도록 지도해야 합니다.

❶ 학생과의 협의를 거쳐 전달할 것을 정한다

'무엇을 전달할 것인가?'에 학생이 빠져서는 안 됩니다. 학생들과 '상상하다, 생각하다, 만들다'의 단계를 모두 마친 후에는 '학생들이 무엇을 얻어 왔는가?', '학생들이 무엇을 이루어 왔는가?'에 대한 점검을 해야 합니다.

교사의 입장이 아니라 학생들의 입장에서 본인들의 사전 경험이 무엇이었고 시작점, 즉 출발점이 무엇이었는데 디자인 싱킹과 창의 공학 활동 과정 중에 어떤 것을 얻었으며, 어떤 것을 이루어 왔는 지 학생들 스스로 이야기하도록 권해야 합니다. 그리고 그것을 전달해야 합니다.

(1) 성취한 것에 대해 경험을 나누며 협의한다

학생들은 디자인 싱킹과 창의 공학 활동을 하면서 순간순간 성취감을 느꼈을 것입니다. "아~ 이렇게 되네.", "와~ 계획한대로 움직인다.", "와~ 진짜 움직여."라고 하지요. 학생들에게 몰입의 경험과 성취감을 주기 때문에 아동 청소년 시기에 달성해야 하는 자존감과 자아 정체감 형성에 도움이 됩니다.

교사는 장(場)을 깔아 놓는다고 생각하면 됩니다. 일단 교사는 한번 정도 학생들의 성취에 대해 학생 입장에서(공감을 가지고) 이야기해야 합니다.

> "나는 정말 너희들이 계획한 대로 종이 탑이 그렇게 바람에 견딜지는 몰랐어."
> "나는 약 100g 정도를 버티는 다리가 될 줄 알았는데, 와! 진짜 250g까지 버틴 거야?"
> "이제는 생각한 것들이 착착 결과물로 나오는구나. 대단하다."

무조건적인 칭찬은 도움이 되지 않습니다. 그리고 교사 입장에서 무엇인가 더 전달해 주고 싶은 생각을 '나누다'의 단계에서 전달하는 것은 그리 바람직하지 않습니다. 충분히 성취에 대해 인정해 주고, 긍정적 자긍심(self-esteem)을 가지고 전달할 수 있도록 지원해야 합니다.

(2) 자신의 강점들이 잘 나타나는 것에 대해 협의한다

학생 주도형으로 진행되는 활동의 경우에는 학생의 강점에 근거하는(strength based) 원칙을 갖습니다. 그래서 학생들과 전달할 것을 협의할 때는 학생들의 강점이 드러나도록 하는 것이 주 원칙입니다. 그러면 발표하는 경우나 전시하는 경우에도 드러나는 바가 다르기 때문입니다.

무엇을 전달할지 협의하는 과정에서도 학생들의 강점이 가장 잘 나타날 수 있도록 합니다. 교사는 발표의 내용이나 과정이 다소 달라진다고 하더라도 특정한 학생들에게 전달할 바가 편중되지 않도록 유의합니다. 전시하는 경우라면 좀 다르지만 발표하는 경우라면 발표의 마지막 장에 반드시 누가 어디에 기여했는지를 적어 놓아, 학생들이 자신들의 강점에 대해 자긍심을 가질 수 있도록 배려합니다.

선생님! 이렇게 해 보세요

학생들의 강점을 알게 한다. 학생들의 강점에 집중한다. 말은 쉽지만 현실적으로 이에 대해 타당한 자료를 가지고 있기는 쉽지 않습니다. 교육부에서는 영재를 선정할 때도 교사들의 관찰에 의해 뽑고자 하지요. 관찰이라는 것이 무엇일까요? 또, 어떻게 해야 하는 것일까요? 관찰에 대해 여기에서 모두 이야기할 수는 없어서 '평가'에서 다시 이야기하겠지만, 간단한 팁을 알려드리자면 '목걸이 수첩'입니다.

목에 목걸이 수첩을 매지 않더라도 작은 수첩과 볼펜을 몸에 지니고 있다가 학생들의 반응이나 태도에 대해서 적는 것입니다. 그리고 요즘은 또 뭐가 도움이 되는지 아세요? 바로 핸드폰입니다. 보통, 교실에서는 스마트폰을 사용하지 못하게 하지요. 우리는 그게 간혹 안타깝습니다. 학생들도 창의 공학을 하다 보면 검색해야 할 일이 많거든요. 어쨌든 선생님들께서는 학생들의 각 과정들을 사진으로 남겨 두시면 좋습니다. 그 사진의 활용에 대해서는 바로 설명을 드리겠습니다. 선생님들께서 학생들에 대한 자료를 많이 가지고 계신 것이 나중에 도움이 많이 됩니다. '목걸이 수첩'을 기억하세요.

(3) 스토리텔링이 되는지 서로 경험을 나누며 협의한다

전달할 때 스토리텔링이 좋아야 합니다. 듣는 사람은 결과물의 성취 여부보다는 상상하고, 생각하고, 만들고, 나누는 과정들이 매끄럽고 논리적으로 연결되는 것에 대해 흥미를 가지고 듣게 됩니다. 따라서 전달하고자 하는 바를 협의할 때는 "그것이 스토리가 되니?", "논리적으로 매끄럽게 연결이 되니?"라고 물어서 반성적 사고를 할 수 있도록 돕습니다.

'드론을 조립했어요.'라고 하는 것은 전달하기에 적절하지 않습니다. 왜냐하면 상상하다, 즉 어떤 아이디어를 가지려고 하였고, 어떤 문제에 초점을 두고 고민하였는지가 나타나지 않습니다. 생각하다, 즉 주어진 혹은 생각한 해결책이 적절하게 반영되있고 그래서 효과적으로 문제를 해결하게 되었는지를 보도록 도와야 합니다. 상상하다, 생각하다, 만들다, 그리고 나누다가 단절된 하나하나의 과정이 아니라 스토리텔링이 되도록 하기 위해서는 협의 과정에서 서로의 경험을 나누는 것이 필요합니다.

❷ 과정을 전달한다

(1) 과정 과정이 소중해요

학생들과 한 활동은 모두 그 자료가 모여 있을 것입니다. **과정은 결과보다 중요합니다.** 특히 학생 주도적으로 상상하고, 생각하고, 만든 그 모든 과정은 매우 소중합니다. 전시는 결과에 집중하기보다는 과정에 집중하도록 권합니다. 그러기 위해서는 스토리가 있어야 합니다. 예를 들어 '쓰레기가 너무 많음 → 냄새가 남 → 냄새가 안 났으면 좋겠음 → 쓰레기 분쇄기를 알아봄 → 공장 견학을 다녀옴'처럼 나열하는 것은 그저 나열이지 과정이 아닙니다. 스토리가 없기 때문입니다.

교사는 다음번에 일어날 학생들의 **학습 선순환을 위해서도 스토리를 만들 수 있도록 안내해야 합니다.** 예를 들어 '쓰레기가 너무 많아서 냄새가 많이 났다. 냄새를 줄일 수 있는 방법을 알아보다가 쓰레기가 나오면 바로 분쇄하는 기계에 대해 알게 되었다. 그래서 친구들과 함께 공장 견학을 가서 쓰레기 분쇄 과정을 알아보게 되었다. 그러나 분쇄 과정에 어려움이 많았는데, 왜냐하면 사람들이 분리수거를 제대로 하지 않았기 때문이라고 한다.'라는 식의 스토리텔링은 과정을 전시함에 있어 매우 중요합니다.

(2) 어려운 과정이 있었어요

학생들은 디자인 싱킹과 창의 공학 활동을 하면서 위기를 만납니다. 그것이 위에서 이야기한대로 생각대로 안 되는 것일 수도 있고, 기술적인 부분의 어려움일 수도 있으며, 친구들과의 협업 과정에서 나타나는 갈등일 수도 있습니다.

그러나 마무리 단계에서 '어려운 과정이 있었어요.'라고 말하는 것은 그 어려움을 극복한 뒤의 이야기일 것이고, 그것은 전시에 포함되어야 합니다.

(3) 실패했고, 처음부터 다시 시작했어요

디자인 싱킹과 창의 공학에서는 필히 이런 '나눔'도 있을 것입니다.

교사들은 학생들이 자신의 실패를 인정해야 하는 상황에 대해 두려움을 가지고 있습니다. '아이들이 실패하면 어떻게 하지요?', '아이들이 실망하면 어떻게 하지요?'라는 두려움의 고백은 아이들이 아니라 교사들에게서 듣게 됩니다.

그러나 학생들과 활동하면서 알게 된 것은 생각보다 학생들이 실패를 두려워하지 않고, 실패를 부끄러워하지도 않는다는 사실입니다. 오히려 다시 생각해서 완전하게 마쳤을 때, 그 성취감이 배가 되는 듯 했습니다. 그리고 예상할 수 있는 바와 같이 **실패, 그리고 그것의 극복은 단 한번에 성공한 것보다 학생들에게 많은 것을 알려 줍니다.**

❸ 얻게 된 것을 전달한다

(1) 생각하지 못했던 것을 알게 되었어요

학생들은 디자인 싱킹과 창의 공학 과정을 거치고 나면 "생각하지 못했던 것을 알게 되었어요."라는 말을 제일 많이 합니다. 기초적으로 알고 있었던 지식과 정보는 있었지만 보다 심도 있게 알아보고 직접 만들다 보니, 몰랐던 사실들을 알게 되었거나 잘못 알고 있었던 지식과 정보를 수정하게 되는 것입니다.

(2) 생각대로 안 되는 것을 알게 되었어요

이 또한 학생들이 활동하면서 가장 많이 하는 말들 중의 하나입니다. "이렇게 하면 될 줄 알았는데 안 되었어요.", "처음에 생각했던 것대로 안 되어서 실망했지만 다시 의논해서 하다 보니 해결되었어요."라는 말입니다. 오히려 학생들의 성장을 기대하는 입장에서는 생각대로 안 되는 것을 알게 된 것을 더 기쁘게 받아들일 수밖에 없습니다. 그만큼의 성장이 일어나기 때문입니다.

 ## 어떻게 전달할 것인가

'나누다'에서 그 중요성을 간과하기 쉬운 것이 '방법적인 면'입니다. 즉, '어떻게 전달할 것인가?'이지요. 생각해 보십시오. 매번 새로운 주제를 가지고 '상, 생, 만, 나.'를 했는데 발표는 그저 매번 PPT를 만들어 다른 친구들 앞에서 발표하는 것이라면 '나누다'는 더 이상 학생들에게 관심이 생기지 않는 부분이 되어 버립니다.

생각해 보면 '나누다'야 말로 학생들이 수행한 모든 과정을 가장 빛나게 할 수 있는 방법입니다. 광고 효과로 이야기할 수도 있습니다. 상품이 새로 나왔다고 가정해 봅시다. 수요자의 수요 욕구를 자극하여 구입하도록 동기화시키는 광고로 인해 판매량이 기대만큼, 혹은 기대치보다 더 많이 나왔다면 광고 효과가 크다고 이야기합니다. '나누다'도 마찬가지입니다. 상상하고, 생각하고, 만들어 낸 것들을 어떻게 전달하느냐에 따라 학생들의 과정을 멋지게 전달할 수도 있고, "뭐~ 그냥 그러네."라고 평가 받도록 할 수도 있기 때문입니다. 따라서 다음에 이어질 전달 방법들을 각각 하나로 이해하기보다는, 특정 목적에 맞는 전달 방법을 연결하는 관점에서 보도록 합시다.

❶ PPT와 발표

언제부터인가 모든 학교에서 파워포인트를 이용하여 발표를 하게 되었습니다. 학생들은 발 빠르게 파워포인트를 배웠고, 컴퓨터로 작업을 합니다. 하지만 파워포인트를 어떻게 하면 효과적으로 사용할 것인가 하는 부분에 대해서는 별로 지도하지 못하고 지나온 것도 사실입니다.

언제 사용자 지정 애니메이션을 사용하는 것이 좋은지, 혹은 적절하지 않은지에 대해서 학생들은 분별력을 가지고 있지 못한 상황이며, 자신의 파워포인트를 보는 사람들의 입장에서 글자 크기나 폰트의 모양을 정하는 것도 익숙하지 않은 상황입니다. 이는 매우 중요한 사항입니다.

성인들이 발표하는 자리에 가도 마찬가지입니다. 한 팀에 15분 정도의 발표 시간을 주고 발표를 시킬 때가 있고, 그 발표를 심사하는 경우도 많습니다. 미리 알려 주는 경우도 있습니다. 10분 발표와 5분 질의응답, 또는 5분 발표와 10분 질의응답 등을 말합니다. 그런데 5분 발표인 순간에 사용자 지정 애니메이션을 넣어서 시간을 끄는 경우가 있고, 동영상을 틀어야 하는데 잘 안 틀어지거나 소리가 안 나오는 등의 어려움으로 발표 시간을 지연시키는 경우가 있습니다.

목적에 따라 달라져야 하는데 그냥 습관적으로 만들어서 발표를 하다 보니 그런 오류가 생기는 것입니다. 오히려 그런 경우에는 사용자 지정 애니메이션을 하나도 넣지 않고, 글자체도 깔끔하게 하며, 간결한 문장으로 심사하는 이들이 분명하게 메시지를 전달받도록 하는 것이 더 중요합니다. 그리고 꼭 틀어야 하는 동영상이라면 편집해서 파워포인트 안에 넣어 두어야 하고, 가능하면 동영상의 이미지를 캡처해서 말로 설명하는 것이 더 적절합니다. 이는 성인의 경우를 말하는 것입니다.

그런데 이런 분석 없이 학생들에게 파워포인트를 만들도록 하면 본인들의 발표 내용에 충실하기보다 사용자 지정 애니메이션이나 클립아트 넣기, 그리고 글자체에 신경을 더 써서 만드는 경우들이 많습니다. 심하게 이야기하면 오히려 발표를 망칩니다. 내용을 정확히 전달하기 위해서 만들어야 하는데, 만들다 보니 만드는 것에 재미를 붙여, 장황하게 되어 버리는 경우가 많아지기 때문입니다. MS office의 파워포인트 제작 방법이 아니라 디자인 싱킹과 창의 공학 분야에서의 발표를 위한 파워포인트 제작 팁을 몇 가지 이야기하고 지나가도록 하겠습니다.

(1) 글자체는 '바로 서 있는 글자체'를 권하고 사이즈는 최소한 18을 넘어야 한다

PPT는 발표하는 학생들에게는 자신들의 생각이나 과정을 정리하고 체계화하는 작업이겠지만, 발표 시에는 다른 학생들이나 사람들에게 자신들의 주제를 전달하는 것이 무엇보다 주된 목적입니다. 그래서 편지체 같은 가벼운 글자체는 적절하지 않습니다. 이 경우 '공식적인 전달'이라는 것이 명확하기 때문입니다. 그리고 공식적으로 발표를 할 때에는 폰트의 사이즈는 최소한 18이고, 적정 사이즈는 24입니다. 보는 사람이 편안하게 느낄 수 있는 사이즈이기 때문입니다.

(2) 글자가 많은 것보다 글자만큼의 의미를 전달하는 제대로 된 이미지를 사용한다

학회나 워크숍에 가서 다른 사람의 발표를 듣다 보면 "왜 저렇게 한 화면에 글자를 많이 넣었지?"라는 생각이 들 때가 많습니다.

바로 뒤에서 이야기할 'PPT는 보고 읽는 것이 아니다.'와 연결되는 이야기이지만 PPT 한 장에 빼곡하게 글자가 쓰여 있는 경우, 하물며 그 빼곡히 적힌 글자를 발표자가 그냥 읽어 내려가는 경우에는 발표를 듣는 사람의 주의 집중도가 떨어질 수밖에 없습니다. 어차피 그 PPT는 나누어 준 강의 자료에 모두 있을 것이고, '진행자의 발표를 굳이 들을 필요가 있나?'라고 생각해서 중간에 나와 버린 경우도 있습니다. 유행에 따라 PPT를 사용할 뿐, 한글 문서를 만들고 내내 읽어 내려가는 발표와 전혀 차이가 없다면, 굳이 PPT로 할 필요가 없지 않을까요?

글자가 많기보다는 적절한 이미지를 사용하기를 권합니다. 잘만 고르면 다섯 줄, 여섯 줄짜리 문장을 하나의 이미지로 표현할 수 있습니다.

'창의성' 혹은 '다르게 생각하기' 등을 설명할 때 위와 같은 이미지를 제시할 수 있습니다. 예를 들어 문장으로 "창의성이란 새롭게 생각하는 것이고, 다르게 생각하는 것이다.'라고 문장으로 쓰기보다 위의 이미지 하나면 설명이 다 될 수 있습니다.

(3) 보고 읽는 것이 아니라, 익숙한 상황에서 이야기하면서 자연스럽게 화면을 바꿀 수 있을 정도여야 한다

PPT는 'POWERPOINT PRESENTATION'의 준말이다.
흥미롭게 이야기하자면, 'Personal Presentation Time'으로 하면 어떨까?

PPT를, 'Personal Presentation Time'으로 하면 어떨까요? '혼자서 나의 발표 시간을 즐긴다.' 정도의 의미로 말입니다. 그런데 상당히 많은 수의 발표자들이 파워포인트를 보고 읽습니다. 대중에게 등을 보이고 아예 PPT 쪽으로 몸을 돌려 발표하는 경우도 많이 보았습니다. 그것은 발표가 아닙니다.

TED 발표나 세바시(세상을 바꾸는 시간, 15분) 발표를 예로 들 수 있습니다. 뒤에서 화면이 돌아가지만 발표자는 화면을 보지 않습니다. 너무나 많은 리허설을 했기 때문에 자신의 어떤 말에 '지금 한 페이지 정도 넘어가고 있음'을 정확히 알기 때문입니다. 학생들의 발표도 그렇게 되도록 지도해야 합니다.

학생들도 자기 발표에 대해 자세히 알고, 충분한 리허설을 통해 **'가지고 노는 발표'를 목표로 해야 합니다.**

❷ 유튜브 촬영

최근에는 학생들의 발표를 유튜브에 탑재하는 경우가 많아졌습니다. 유튜브(youtube)는 계정을 한 번 만들어 놓으면 자신들의 동영상이 지속적으로 쌓이는 구조이기 때문에, 성장하면서 어디에 얼마만큼 몰입했는지 보여 줄 수 있어서 좋습니다. 그러나 유튜브 역시 적절하게 활용해야 합니다.

유튜브는 다른 사람들이 모인 자리에서의 발표보다도 간편하게 할 수 있지만, 자칫 가볍게 하게 되는 경향이 생기기 쉽습니다. 유튜브 녹화를 하기 전에 발표 자료를 준비하고, 여러 번 읽어 보거나 외워서 녹화하도록 지도합니다.

영작을 도울 수 있거나 영어로 할 수 있는 친구들의 경우 유튜브라는 매체 자체가 글로벌(global)한 것이므로 영어로 촬영하기를 권합니다.

● 한 학생의 1월 영상

● 같은 학생의 4월 영상

❸ 리플릿으로 출판

역시 최근 들어 개별 학생들의 결과물에 대해 간단하게 리플릿 형태 혹은 소책자 형태로 만들어 출판하는 경우들이 있습니다. 학생 개인에게도 기념이 되고, 발표물을 다른 사람에게 소개할 때 효과적일 수 있습니다.

어릴 때부터 롤러코스터를 열심히 그린 학생이 있었습니다. 그 학생의 부모님은 학생의 그림을 모아 초등학교 졸업 기념으로 책으로 만들어 주었습니다.

박상후의 'Roller Coaster'라는 책입니다.

기념이 되기도 하지만 그 학생의 강점을 나타내고, 특장점을 한번에 볼 수 있는 아주 좋은 매체입니다. 최근에는 소책자나 리플릿을 제한된 숫자로 출판해 주는 곳들이 많이 있습니다. 학생들의 활동이 이어지면서 나오는 사진이나 글들을 계속 모아서 활용할 수 있습니다.

2. 새로운 시작의 발판: 경험의 누적

디자인 싱킹과 창의 공학에서 학생 본인이 얻는 소중한 것들을 어떻게 보존할 수 있을까요? 학생 자신에게 해당되는 경험의 누적, 즉 긍정적 경험의 누적, 의미 있는 경험의 누적은 개인의 성장과 발달을 가져옵니다.

그러나 단지 축적한다고 해서 의미가 있어지는 것은 아닙니다. 의미 있는 것이 되기 위해서는 반드시 누적되는 과정, 즉 쌓이고 쌓이는 과정 중에 해석과 의미 부여를 해 주어야 합니다.

 ## 무엇을 모을 것인가

어릴 때 언니와 한 방을 사용하였고, 우리 둘의 책상은 아버지께서 똑같은 것으로 맞추어 주셨기 때문에 완전히 똑같은 책상이 나란히 붙어 있었습니다. 저자는 아버지에게 좋은 볼펜이나 종이를 받으면 바로 썼고, 간식을 받아도 바로 먹어 버리는 성격이었는데, 언니는 볼펜은 바로 쓰지 않고 열쇠가 달린 비밀 서랍에 넣어 두었고, 종이도 모아 두었습니다. 물론 간식도 꼭 비밀 서랍에 모아 두었지요. 내가 쓰던 볼펜 잉크가 다 떨어지거나 종이, 간식 등이 떨어지면, 자연스럽게 눈이 언니의 비밀 서랍으로 갔지요. 언니가 없는 시간에 호시탐탐 이리 열어 보고, 저리 열어 보고 했던 기억이 있습니다.

그 당시 책상이라는 것이 일자 드라이버로 이리저리 찌르다 보면 열리게 되어 있었고, 나는 언니가 모아 놓은 어마어마한 볼펜에서 티가 나지 않게 하나둘 꺼내 쓰는 재미가 쏠쏠했습니다. 그런데 그때 신기하게 느꼈던 것은 언니는 단지 모아 놓았을 뿐 볼펜은 볼펜 액이 밖으로 새어 쓸 수가 없었고, 간식도 다 녹거나 엉겨 붙어서 먹을 수가 없었다는 사실입니다. 어린 마음에도 '이렇게 둘 서빈 왜 모으지?'라는 질문이 수없이 일어났고, 동생이 자신의 비밀 서랍을 몰래 열고 볼펜이나 종이 등을 흐트러뜨린 것을 기가 막히게 알아챈 언니는 무진장 화를 냈던 기억이 있습니다.

언니한테는 정말 미안한 이야기지만 아직도 '왜 모았던 거야?'라는 궁금증은 없어지지 않고 있습니다. 그런데 또 신기한 것은 지금도 미국에 살고 있는 언니 집에 가면 비슷한 것들을 보게 된다는 사실입니다. 언니는 여전히 물건을 잘 모으고 있습니다.

궁금하다.
모아 놓은 것이 궁금하다.

모아 놓은 것은 그 사람이고, 그 사람의 인생이고, 그 사람의 살아온 발자취이고, 그 사람의 성향이고, 그 사람을 나타내는 것입니다.

팀 버튼(Tim Burton)의 습작들이 서울 미술관에 전시된 적이 있었습니다. 누군가가 그의 어린 시절부터의 습작을 모아 놓았던 것이라고 합니다. 팀 버튼은 어릴 때 엄마가 나가서 놀라고 이야기해도 주로 집에서 그림을 그리거나, 오래된 영화를 보며 혼자 지냈다고 합니다. 그림을 그리기 위한 빈 종이들은 준비되어 있는 것이 아니었기 때문에 팀 버튼은 때로는 냅킨에, 또 때로는 신문지에 그림을 그렸습니다. 그렇게 그린 팀 버튼의 습작은 그야말로 감탄 그 자체입니다. 일단 모아 놓은 스케치의 수가 어마어마했고, 연도별로 정리해 놓으니 팀 버튼의 그림 변화를 한 눈에 볼 수 있었기 때문입니다.

어떤 것을 모은다면 그런 이유에서가 아닐까요? 그래서 **'무엇을 모을 것인가?'에 대한 답은 '모. 든. 것.'입니다.** 모아 놓으면 거기에서 무엇이 보일지 모르니까요. 우선은 성장과 발전을 볼 수 있습니다. 최소한 질적인 변화라도 볼 수도 있습니다. 유치원이나 어린이집에서 학생들이 재활용품으로 무엇인가를 만들면, 집으로 신나게 가져갑니다. 그리고 다음 날 등원하면서 아이들은 엄마가 그것들을 모두 버렸다고 불평한 적이 있습니다.

부모 모임 때 가능하면 아이들이 만들어 간 것을 버리지 말라고 부탁합니다. 부모님들은 재활용품으로 만든 쓰레기를 도대체 언제까지 집에 두어야 하냐고 항의하기도 합니다. 그나마 지금은 누구나 핸드폰으로 작품 사진을 찍을 수 있어서 다행입니다. 찍은 자료는 누구나 드라이브(Drive)나 USB, 혹은 핸드폰 앨범에 보관할 수 있습니다. 물론 실물보다 실물감은 없지만 말입니다.

'무엇을 모을 것인가?'에 대한 답은 '모. 든. 것.'이다.

② 어떻게 모을 것인가

단순한 축적이 아니라 누적이 되게 하기 위해서는 '어떻게 해야 하는가?', '어떻게 모을 것인가?'를 부모님을 대상으로 알려 준다면 보다 쉽습니다. 그러나 학교에서 교사들이 학생들의 것을 모은다고 생각하면 쉽지는 않습니다.

모으는 것과 관련해서 두 가지를 생각해야 합니다. 한 가지는 말 그대로 어떻게 모을 것인가의 문제이고, 다른 하나는 체계적이고 논리적 정리에 대한 것입니다.

❶ 모으기

학교에서 가장 쉽게, 그리고 가장 많이 사용하는 방법은 포트폴리오입니다. 그러나 모으기 쉬운 순서로 정렬하면 박스에 모으기, 클라우드 형태의 축적, 그리고 포트폴리오의 순서입니다.

(1) 박스를 이용해요

최근에는 비교적 얇고 간편한 박스들이 많이 나와 있습니다. 인터넷 쇼핑몰에 가면 사이즈를 지정해서 살 수 있는 방법들도 있습니다. 작품이나 스케치 등을 모으기 좋은 상자는 '23cm × 32cm × 23cm'입니다. A4 사이즈보다 약간 크기 때문에 학생들이 스스로 자신의 것을 모아 두기에 적당합니다. 혹은 결과물들이 작품인 경우를 대비해서 사이즈를 조금 늘리는 것도 좋습니다. 사물함 위에 일렬로 배치해 두고 앞에 이름표를 붙여 두어, 학생들이 자신의 결과물 혹은 과정에서 나오게 되는 스케치나 검색 결과들을 모아 놓을 수 있습니다.

포트폴리오도 마찬가지이나 학생들에게 정리의 시간을 주는 것이 필요합니다. 지나치게 질서 정연하게 모아 두도록 지도하면 모아 두는 것 자체를 별로 즐겨 하지 않을 수 있고, 논리의 맥이 끊어질 수 있기 때문에 지양하는 것이 좋습니다.

(2) 클라우드를 이용해요

학생들이 해 놓은 것들이 한글 문서이거나 MS 오피스를 이용한 것이라면, 그리고 검색의 결과가 북마크로 되어 있다면, 포털 사이트 등에 있는 하나의 클라우드에 모아 놓습니다. 학생들이 USB를 잘 잃어버리기 때문에 클라우드 보관을 습관화시키는 것이 더 좋습니다. 나중에 교사가 문서를 만들어야 하거나 학생이 자기소개서를 써야 할 때도 도움이 많이 됩니다.

(3) 포트폴리오를 이용해요

포트폴리오는 학습자의 관심, 능력, 진도, 성취, 노력, 성장 등의 증거를 보여 주는 학생의 작품을 의도적으로 모아 둔 작품집으로 인식되고 있고, 그로 인해 학교 현장에서 거의 대부분 활용되고 있는 실정입니다. 하지만 포트폴리오를 제대로 이해하고 사용하는 곳은 그리 많지 않습니다. 단순히 클리어 파일에 모은다고 해서 포트폴리오가 되는 것은 아니기 때문입니다.

사실 포트폴리오는 체계적 정리의 방법이지 모으는 방법은 아닙니다. 어쨌든 교사들이 이해한대로 하자면, 클리어 파일에 학생들이 그때그때 끼워 놓는 것만으로도 모으는 방법으로 적절합니다. 어떻게 정리할 것인가에 대해서는 다음에 다루기로 하겠습니다.

❷ 체계적으로 정리하기

학교나 기타 교육 현장에서 학생들로 하여금 자신들이 모은 것을 체계적으로 정리하도록 지도하는 것은 매우 중요합니다. 단지 정리 정돈의 문제가 아니라, 바로 앞에서 이야기한 '다른 사람에게 전달하기'와 관련되어 있기 때문입니다. 그리고 **'상상하다, 생각하다, 만들다, 나누다'**에서 '나누다'는 25% 정도의 중요성이 있다고 할 정도로 중요한 부분이기 때문입니다. 여기에서 다루는 체계적 정리는 수시 점검, 그리고 스토리텔링에 대한 부분으로 구분하여 정리해 보도록 하겠습니다.

(1) 수시 점검한다

우리는 '정리'라고 하면 주로 마지막에 짐을 싸듯이 정리하는 것을 생각합니다. 흥미롭게도 영어로 '정리'는 'organize'와 'clean up'으로 표현됩니다. 'clean up'이야 우리가 원래 보편적으로 생각하고 있는 정리이지만, 'organize'는 어떻게 생각해야 할까요? '조직화하다'일까요?

서랍을 정리하려면 우선 서랍에 있는 물건들을 모두 꺼내고, 볼펜을 넣기 좋은 작은 상자 하나를 구해서 배치하여 필기구를 정리합니다. 너무 어지럽혀져 있는 메모지들을 정리하기 위해 우유갑을 서랍에 들어가기 좋은 사이즈로 잘라 서랍 속에 넣은 후, 그 속에 메모지를 정리합니다. 이와 같은 일들을 한번씩은 해 보지 않았나요?

청소의 의미도 있지만 사용하기 좋도록, 필요할 때 무엇이 어디에 있는지 잘 알기 위해서 그렇게 하기도 합니다. 그것이 체계적 정리이며 조직화입니다.

학생들의 자료를 정리하는 것도 마찬가지입니다. 학생들은 생각이 막혔을 때, 또는 만들기를 하다가 "어~ 내가 하려고 했던 것이 이것이었나?", "아~ 여기가 잘 안 되네. 어떻게 생각했더라?"하며 회상하고, 자신의 생각에 다시 집중하기 위해 자신이 정리(organize)해 놓은 것을 보게 됩니다. 그때의 점검은 '체킹'의 의미도 있지만 "아! 맞다. 그랬었지.", "아~ 이 부분을 놓쳤구나."를 점검할 수도 있게 합니다.

(2) 스토리텔링에 신경을 써서 정리한다

스토리텔링에 신경을 써야 한다는 말은 시간과 관련된 것입니다.

학생들의 여러 과정이 보이고, 그 안에서의 성장이 보이도록 하려면 시간에 따른 스토리텔링은 필수적입니다. 박스에 정리할 때나 클라우드에 정리할 때, 클리어 파일에 정리할 때에는 반드시 날짜를 기록하도록 합니다. 가능하면 시간까지 넣는 것이 좋습니다.

2017. 11. 15. 2:00 PM

박스에 정리할 때는 반드시 뒤집어 넣도록 합니다. 나중에 정리하려고 할 때 거꾸로 쏟으면 날짜순으로 나오기 때문입니다. 클리어 파일에 넣을 때는 앞 장부터 넣도록 하고, 클라우드에 넣을 때는 날짜 이름으로 저장하도록 하여 나중에 다시 작업하는 일이 없도록 지도합니다.

스토리텔링은 본 책에서 계속 이어져 온 논리적 순서에 근거합니다.
상상하고, 생각하고, 만들고, 나누는 것입니다.

'상상하다' 안에서도 초기, 중기, 후기가 나타날 것이고 '상상하다'의 맨 마지막 결과물은 '생각하다'로 이어지는 전이(transfer)가 보일 것입니다. '생각하다'도 초기, 중기, 후기가 나타나서 '생각하다'의 맨 마지막 결과물이 바로 '만들다'로 이어지는 전이(transfer)가 보이게 됩니다. 그래서 스스로도 자신의 경험이 누적되고, 그 안에서 성장이 이루어진 것을 바로 확인할 수 있게 하며, 누구든지 스토리텔링에 따라 쉽게 이해하고 고개를 끄덕일 수 있도록 하기 위해서 정리를 합니다.

이 과정 중에 '메모 넣기'를 합니다. 간혹 쌓이는 자료들을 다시 보면서 생각이 나거나, 평가되거나, 추가하고 싶은 것들을 메모 형태로 옆에 넣는 것입니다. 박스나 클리어파일에는 포스트잇 등을 이용해서 덧붙여 놓고, 클리어파일에 저장된 것에는 추가 의견을 적어 다시 저장하도록 지도합니다.

무엇보다 스토리텔링이 습관화되면 학생들은 점차 디자인 싱킹의 전 과정에 익숙해지고, 어디에서 어떤 주제나 문제를 만나더라도 '상상하다, 생각하다, 만들다, 나누다.'의 과정을 자연스럽게 밟게 될 것입니다.

어떻게 해석하며, 어떻게 의미 부여를 할 것인가

해석과 의미 부여, 이 부분이 가장 어렵습니다. 설명하기도 힘듭니다.

해석과 의미 부여야말로 마음 같아서는 모든 교사들에게 일대일로 알려 주고 싶습니다. '가르치고 싶어서'가 아닙니다. 교사마다 해석하는 능력이 서로 다르고, 해석이야말로 배워서 되는 것이라기보다는 경험하고, 해석해 보고, 피드백도 받고, 서로 의견도 나누어 보면서 익혀 나가는 것이기 때문입니다.

해석의 능력은 정답을 찾아가는 부분이 아니라, 학생들에 대해 깊이 고민하고, 집중하고, 정확히 파악하는 작업입니다. **교사마다 이 능력이 다르고, 초임이라고 해서 부족한 것이 아니며, 경력 교사라고 해서 수준이 높은 것이 아닙니다.** 경험상으로 보면 이 해석의 능력이 교사의 질을 좌우한다고 이야기할 수도 있습니다. 이에 대해 이야기해 보도록 합시다.

한 아이가 자기 작품을 밀며 이야기합니다. "에이, 안 해." 그러자 경력이 많은 교사가 말합니다. "뭐하는 거야? 왜 작품을 던져? 하기 싫으면 하지 마."

상호 작용의 전부입니다. 작품을 밀거나 던지면 갑자기 수업은 '생활 지도 수업'이 되는 것일까요? 교사 본인은 어떤 일에 몰입하다가 제대로 안 되어 짜증이 난 적이 인생에서 한번도 없을까요? 아이는 작품을 던지지 않았습니다. 밀었습니다.

무슨 의미일까요? 이런 수업은 재미없다고 이야기하는 걸까요?

아니면 "아, 진짜 생각대로 안 돼. 어떻게 하지?"일까요?

교장 선생님이라고 해서, 아니면 경력이 많은 장학관이라고 해서 수준이 높은 것은 아닙니다. 경험상 **해석과 의미 부여는 학력의 문제도, 직위의 문제도, 경력의 문제도 아닙니다.**

❶ 해석과 의미 부여를 하기 전에 기억해야 하는 것

(1) 학생들에 대한 존중과 인정

교사와 관련된 책들에서는, 아니 교사와 관련된 모든 교육에서도 **'학생들에 대한 존중과 인정'**은 항상 나오는 말입니다. 그러나 교육 현장과 관련된 일을 하다 보면 이것처럼 어려운 일도 없는 것 같습니다.

모든 교사들, 모든 교육 기관의 장들도 학생들을 존중한다고 이야기합니다. 학생들을 인정한다고 이야기하고, 하물며 사랑한다고 이야기합니다. 그러나 정말 학생들을 존중하고 인정하느냐를 평가해 보면 만족스럽지 않은 결과들이 나옵니다.

존중과 인정의 정의부터 다시 살펴봅시다. 존중하다. 'Respect'

'존중하다'의 의미는 동사로는 '높이고 귀중하게 대하다.' 형용사로는 '높고 귀하다.'입니다. 영어의 'respect'는 'think highly of …', 'value …', 'honour' 등으로 표현됩니다. '잘했네.'라는 칭찬 정도가 아닙니다. '존중하다'라는 말 자체를 쉽게 사용해서는 안 됩니다. 나보다 높게 여기는 것입니다.

학생들을 오랫동안 지도하면서 입을 딱 벌리게 되고, 마음을 다해 '와~', '야~', '어떻게~', '진짜~'라고 하게 되는 순간들이 있습니다. 성인은 그렇게 못합니다. 순전히 몰입해서 무엇인가를 해내는 학생들의 모습은 "야~ 졌다, 졌어."입니다. 그들이 가지고 태어난 유전자 자체가 지금 이미 성인이 되고 **기.성.세.대.**(이미 완성된 세대?)가 된 이들에게는 그저 부러울 뿐인 순간이 있습니다. 그것이 존중입니다.

"선생님, 이것이 맞나요?"
"응."
이런 것은 존중이 아닙니다. 하물며 인정도 아니고 그냥 대답입니다.

> "선생님 이것 좀 보세요."
> (소름 한번 끼쳐 주고) "와~, 야~, 그런데 이게 뭐지?, 뭐냐?, 하하하 와~"
> "이것 보세요. 여기에서 힘을 주잖아요. 그러면 날아갈 것 같죠? 그런데 안 날아가요. 왜인지 알아요? 이것이 딱 버티고 있거든요."

이 장면을 상상해 봅시다. 이 말을 하는 학생의 고개가 빳빳하게 하늘을 향해 있을까요? 아니면 혼나는 학생처럼 고개를 숙이고 다 들어가는 목소리로 이야기하고 있을까요? 교사는 "와~"밖에 안 했어도 그것은 존중, 'Respect'가 되는 것입니다. 표정과 반응에서 이미 다 알 수 있는 것입니다.

'모든 학생들에게요?'라는 질문이 있을 수 있습니다. 답은 '네.'입니다. '모든 학생들에게'입니다. 결과 위주로 생각하는 우리들은 학생이 뭐 별로 잘하지 못했을 때는 어떻게 하냐고 물을 수 있습니다. 하지만 아닙니다. 학생들은 100% 우리보다 훌륭합니다. 학생들이 성인인 우리가 아는 것을 모른다고 부족한 것일까요? 우리는 이미 30대 혹은 40대 이상의 기성세대입니다. 하물며 50대인 저자는 지금 초등학교 4학년 학생들이 그저 놀랍습니다. 놀랍지 않다면 성인들의 교만입니다.

자식들이 100점이 아니라는 어머니와 이야기하면서 섭섭해 합니다.

"엄마, 어떻게 자식들이 100점이 아니예요?"

"신이 주신 재능을 다 안 쓰고 있으니까."

"엄마, 그건 신만이 판단하실 수 있어요."

만약 당신의 부모가 당신에게 "넌 100점이 아니야."라고 하면 어떨 것 같나요? 불행히도 자라나고 있는 학생들에게 물어 보니 본인이 부모에게 100점이라고 믿고 있는 학생들이 없었습니다.

충격을 받아 한 부모 교육장에서 부모들에게 물었습니다. 본인의 자녀가 100점인 사람은 손을 들어 보라고 했지요. 그리고는 울 뻔했습니다. 아무도 없었기 때문입니다.

아~ 얼마나 기성세대 성인들은 교만한 것일까요? 그래서 경고를 했습니다. 그런 마음을 계속 가지고 있으면 자녀가 100점이 되었을 때 못 알아보게 된다고 했지요. 100점이 되어도 100점이 안 되었다고 생각하게 된다고 말입니다. 그런데 지금 자녀가 100점이라고 생각하는 부모는 놀랍게도 평생 자기 자녀가 100점 만점이라고…….

존중은 평가에 근거한 것이 아닙니다. 존중은 존재에 대한 것이고, 인식에 근거한 것이고, 믿음에 근거한 것입니다.

인정도 살펴봅시다. '인정하다'의 의미는 '확실히 그렇다고 여기다.', '알아주다'이며 영어로는 'approve', 'give credit to'입니다. 인정은 더욱 존재에 대한 것입니다. 하물며 "아, 너구나.", "그렇구나.", "그랬구나.", "그렇겠네."와 같은 간단한 말도 인정을 전달합니다.

학생들은 아이콘에 대한 PBL 수업에서 아이콘이 언어가 될 수 있음을 경험했습니다. 실제로 세계 여러 나라에 여행을 다니면서 'icon speak t-shirts'를 입고 다녔던 한 청년의 이야기에 공감하고, 자신들도 'icon speak t-shirts'를 만들어 보겠다고 하였습니다.

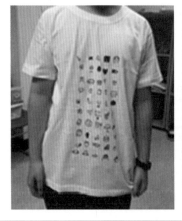

인터넷 검색을 통해 자신들이 이야기하고 싶은 바를 전달하는 아이콘을 찾고, 그것을 흰색 티셔츠에 그리는 작업을 하였습니다. 엄청난 몰입의 순간이 이어졌습니다. 흥미로운 것은, 먹을 것을 너무 좋아하는 한 학생은 엄청나게 많은 음식 아이콘을 그려 넣었다는 것입니다. 그러나 그 학생은 잊지 않았습니다. '돈'을 그려 넣는 것과 '집'을 그려 넣는 것도 말입니다.

그리고 그 초등학교 4학년 학생은 이 아이콘을 활용하여 할 수 있는 말을 만들어 냅니다. '돈을 줄 테니 햄버거를 먹을 수 있는 집이 어디인가요?'
이렇게 학생들은 해냅니다.

(2) 숨겨진 메시지(hidden message) 탐색

> 한 아이가 자기 작품을 밀며 이야기합니다.
> "에이, 안 해." 그러자 경력이 많은 교사가 말합니다.
> "뭐하는 거야? 왜 작품을 던져? 하기 싫으면 하지 마."

누구나 숨겨진 메시지로 상호 작용을 한 경험이 있을 것입니다. 20대 여대생들의 내숭도 숨겨진 메시지가 있는 것이고, '아들 내외가 놀러 왔으면~' 하는 마음이 있지만 겉으로는 "뭐, 바쁜데 오지 않아도 된다."라고 이야기하는 나이 드신 어머니의 말에도 숨겨진 메시지가 있습니다. 학문적으로 'double message'라고도 합니다. 나이 드신 어머니께서 "뭐, 마중 나올 필요 없다."고 하시면 왠지 빨리 마중을 나가야 할 것 같습니다.

학생들도 마찬가지입니다. 아무리 어려도 자존심에 걸리는 일들이 있을 것이고, 친구들 앞에서 드러내기 싫은 것들도 있을 것입니다. 복잡한 자기의 감정을 말로 표현하기 어려워서 그저 짜증으로 보이는 말을 했을 수도 있고, "아~ 졸려."하며 책상 위에 엎어질 수도 있습니다.

교사의 교사성을 이야기할 때 '민감성'은 매우 중요한 변인입니다. 아직 말로 모든 것을 완벽하게 표현하지 못하거나, 사춘기적 현상으로 인해 말을 적게 하는 경우도 있을 수 있습니다. 교사는 그런 순간을 관찰하여 혹시 반복적인 습관이나 반응이 있는지 살피는 것이 중요합니다. 특히 자신의 경험을 누적할 때 쓸데없는 자기 비하, 혹은 가치 절하가 있을 수 있기 때문입니다.

학생들의 눈에는 다른 학생들의 것들이 보입니다. 과정도 보이고 결과물도 보입니다. 특히 어떤 이유로든 경쟁 관계에 있는 학생이 있으면, 그 학생의 과정이나 작품이 자기 눈에 그럴 듯해 보이면 자기 과정이나 결과를 그저 하찮게 평가해 버리는 경우들이 많습니다. 이때 교사는 **그 숨겨진 메시지를 발견하고, 그에 대해 적절한 반응을 보여 주어야 합니다.** 그래야 학생들이 자신의 경험을 긍정적으로 해석하고 의미 부여를 하기 때문입니다.

❷ 자기 해석과 자기 의미 부여

해석이란 무엇일까요? 해석은 일반적으로 여러 가지 현상이나 혹은 그 언어에 의한 표현이 지니는 의미를 명확히 하는 것을 의미하고 특히 그 현상, 즉 드러나는 바에 관해 특정 관점에서 일관된 방법으로 이야기를 만들어 가는 것을 의미합니다.

그러면 의미 부여는 무엇을 의미할까요? 해석의 과정을 거치면서 학생들은 자신의 경험에 대해 의미를 통합하고, 의미를 창출하여 교훈을 얻습니다. 그래서 학생들이 디자인 싱킹과 창의 공학을 하며 얻는 경험들이 단순한 축적이 아니라 의미 있는 경험 누적이 되기 위해서는 자기 해석과 자기 의미 부여가 필요합니다.

어떻게 하면 단순한 축적이 아니라 의미체로서 누적될 수 있을까요? 만약 학생들이 스스로 경험을 해석하고 의미 부여를 하는 것에 익숙해진다면, 이전 장에서 언급한 학습의 선순환이 이루어지는 것이 보다 용이해집니다.

자기 해석을 하고 자기 의미 부여를 하기 위해서는 대체로 다음 두 가지를 지도해야 합니다. 첫째는 반복되는 반성적 사고이고, 둘째는 세계 발전 등에 대한 기여도 체크입니다.

(1) 반복되는 반성적 사고

반성적 사고란 듀이로부터 출발합니다. 자신의 신념이나 실천 행위에 대한 원인이나 궁극적 결과를 적극적이고 끈기 있게, 그리고 주의 깊게 고려하는 것을 반성적 사고라고 한 듀이는 정신 속에서 사고의 문제를 발견하고, 그 문제의 중요도를 판단하며, 그 문제를 연속적으로 사고하는 것이라고 하였습니다.

최근 들어 반성적 사고가 더욱 이슈화되고 있는데, 특히 본 책에서는 반성적 사고가 결과에 의미를 부여하는 지적 활동이기에 집중합니다. 학생들은 습관적으로 "무엇이지?", "무엇이었더라?"를 묻습니다.

투석기를 만들면서 다른 팀보다 멀리 날리고 싶었던 A 팀은 교사가 제시한 추를 다른 팀보다 배로 매달았습니다. 다른 팀이 대체로 2개 정도의 추를 달았지만, A 팀은 무거운 추가 있어야 반동이 세져서 멀리 날아간다고 생각해서 추를 네 개나 달았습니다. 교사가 보기에는 불안했지만 학생들이 스스로 생각할 수 있도록 아무 개입도 하지 않았습니다. 문제가 없어 보였습니다.

A 팀은 대기 중이었고 우선 C 팀의 순서가 되어 투석기에 테니스공을 달고 날렸습니다. 경쟁적인 분위기가 되다 보니 서로 약간 긴장되고 흥분된 상태에서 테스트를 하게 되었습니다. 그런데 C 팀의 테니스공이 진짜 멀리 날아갔습니다.

A 팀은 "와, 진짜 멀리 날아. 괜찮아. 우리 팀 추가 더 무거우니까 우리 공이 더 멀리 날아갈 거야." 라고 하였습니다. 그런데 총 두 번 날리기로 한 규칙 때문에 두 번째로 테니스공을 날리던 C 팀은 힘껏 줄을 잡아당겼다가 놓는 순간, 추의 무게를 견디지 못하고 가운데 막대가 부러져 버렸습니다.

그런데 놀란 것은 C 팀이 아니라 A 팀이었습니다. "야~ 다시 해야 돼. 정말 다시 해야 돼. 너무 무거워. 야~ 이거 부러져."라고 하며 난리가 났습니다. 그러나 이 순간 다시 만들 수는 없었습니다. 형평성에 어긋나기 때문입니다. 그 와중에 안정적으로 뭔가 소리 죽여 의논하며 만들던 B 팀은 C 팀보다는 멀리 날리지 못했지만 매우 안정적으로 2회를 수행하였고, 두 번의 거리를 합한 점수로 승부를 가리는 것이었으므로 B 팀의 승리로 마무리가 되었습니다.

모두 공들여 고민하고 만들었기에 C 팀과 A 팀 학생들은 무척 실망하였습니다. A 팀의 학생들이 "아, 너무 무거웠어. 그러려면 이 버팀목이 더 강했어야 했어."라고 하였습니다.

이런 경험을 한 학생들은 다음에 어떤 활동을 하든지 이와 유사한, 또는 같은 위험 요인(무게와 관련된 위험 요인)에 다시 그대로 노출되지는 않습니다.

(2) 세계 발전 등에 대한 기여도 체크

본 책에서 지속적으로 주장하는 바는 학생들에 대한 존중과 인정입니다. 이미 다 커 버린 성인, 즉 **기.성.세.대.**보다 가능성도 많이 가지고 있고 유전자도 월등하게 가지고 있는 학생 세대에 대한 존중과 인정입니다.

그렇게 말하면서도 '학생들이 상상하고, 생각하고, 만들고, 나누는 것에 대해 어느 정도의 수준까지 기대하는가?'는 짚어 보아야 할 문제입니다.

전 세계 어린이들 중에는 애플리케이션을 만들 줄 아는 어린이들이 많이 있습니다. 그 연령은 점점 더 내려가고 있습니다. 가볍게 '뭐, 애플리케이션 정도야.'라고 할 수 있겠지만 그 마음은 이미 존중과 인정의 마음이 아닙니다. 애플 국제 컨퍼런스에 참가한 9살의 인도 소녀 비제이(Anvitha Vijay)는 최연소 애플리케이션 개발자입니다. 9살이지요.

● 인도 소녀 비제이(Anvitha Vijay)

인텔(Intel)이 관심을 가진 가장 어린 기업가는 레고(LEGO)를 이용한 점자 프린터를 발명하여 기업을 만든 슈범(Shubham)입니다. 가벼운 관심에서 시작했지만, 시각 장애인에 대한 관심으로 결국은 레고로 점자 프린터를 만들어 세계에 기여하였습니다.

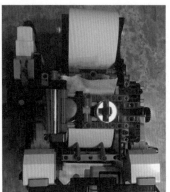

어떤 생각이 드시나요? 아주 천재적인 다른 나라 아이들 이야기라거나 특별한 학생들 이야기라고 하여 위로를 받고 싶은가요?

여러분, 아니 바로 당신이 지도한 학생이 이렇게 성장할 수 있습니다. 공부를 많이 시켜서가 아니라, 중간중간 기가 막힌 영향력을 미쳐서 이렇게 성장시킬 수 있습니다. 교사의 한 마디, 하나의 표정, 한 가지 반응이 학생들을 움직일 수 있기 때문입니다. 교사라는 직업은 그런 의미에서 엄청난 기회를 갖는 직업이기 때문입니다.

그랬구나.

남들 눈에 잘 안 보이는 것인데, 네 눈에 보였구나.

그 민감함이 너를 빛나게 할 거야.

그래. 바로 그것이지. 그런 마음으로 좀 더 가 보자.

누구보다 인내심이 좋아. 가 보자.

선생님의 심장이 뛴다.

너는 어떤 아이일까? 너는 어떤 사람으로 성장할까?

와, 진짜 나는 너에 대해 기대가 많아진다.

○○아, □□야,

그래 더 크게 보자. 세상은 네게 열려 있으니 우리 한번 가 보자.

선생님이 무엇을 도와줄까? 어때? 잠깐 쉬는 시간에 초콜릿이라도 먹을까?

선생님이 된 것이 너희들로 인해 너무 행복하다. 녀석들. 잘하고 있다.

너희들이 생각하는 그것이 기발하고, 그것을 꾸준하게 해내는 능력에 감탄하고,

너희들이 얼마나 큰 사람이 될지 정말 가슴이 벅차고 너무 행복하다.

고맙다 얘들아!

놀라운 학생들과의 경험이 많아서 이 글을 쓰는 순간에도 가슴이 벅차고, 얼굴이 빨개지고, 살짝 눈물이 나려고 합니다. 진우, 재현, 재원, 영진, 재영, 지현, 지영, 선주, 민주, 소현, 소영, 채연, 자영, 나래, 상원, 태금, 준호, 동익, 준서, 혜민, 유정, 영준, 유유, 세민, 준성, 준민, 그리고 수도 없이 떠오르는 얼굴들. 함께 했던 아이들에게 고마움을 전합니다.

(3) 자기 강점에 대한 확인

경험이 누적되면서 "와, 내가 이것도 했어.", "그래. 전에는 이 정도였지만 지금은 그것보다 훨씬 잘할 수 있잖아.", "야, (스스로에게) 너 이것 진짜 잘한다. 대박이야."라고 할 수 있다면, 그 모습을 지켜보는 교사들의 마음은 얼마나 기쁠까요?

매번 "이렇게 하면 학생들이 행복하다."라고 이야기하고 있지만, 실제로 왜 우리들이 교육 현장에서 프로젝트 수업을 해야 하고, 디자인 싱킹을 해야 하며, 창의 공학의 장을 열어 주어야 하는지에 대한 타당한 이유가 여기 있습니다.

학생들이 스스로의 강점에 대해 확인하게 되는 것입니다. 자기 소개서 정도 쓰자고, 대학 입시에 도움을 좀 받자고 하는 것이 아니라, 인생을 살아가면서 자기가 자신의 강점을 확실히 알고 갈 수 있도록 지원하는 것, 그것이 이 시대에 요구하는 교사상입니다.

▶ 와! 나래야. 넌 사람들이 모여서 이야기하고 있으면, 그 모든 이야기가 다 종합이 되는구나.

▷ 저요? 저는 그냥 그게 다 보이는 건데요? (뭐 별 것 아니지 않느냐는 표정)

▶ 수연아. 너 아까 왜 그렇게 빤히 봤어?

▷ 저요? 생각한 거예요. 그냥 저렇게 자르면 안 되는데, 생각도 안 하고…….

▶ 그럼 어떻게 해야 하는데?

▷ 저렇게 붙이면 어차피 나중에 무게를 견디지 못하거든요.

▶ 와, 너는 그 다음이 보이는 거야?

▷ 그래야 하는 것 아닌가요?

▶ 준서야 뭐해? 다른 친구들 다 끝났는데?

▷ 괜찮아요. 저는 더 할래요.

▶ 몇 개를 하는 거야?

▷ 제가 표현하려는 것은 50개가 넘거든요. 다른 애들이 놀아도 괜찮아요.

▶ 시끄럽지 않아?

▷ 괜찮아요. 집중할 수 있어요.

▷ 선생님, 저 이거 옛날에 줄 하나로 했던 것 기억나요?

▶ 그럼. 너는 너의 수준이 얼마나 높아졌는지 알고 있어?

▷ 제가요? 어려워졌다고요?

▶ 응. 그게 너의 수준이 높아지는 거야. 생각해 봐. 처음에 만들던 것 생각나? 종이로 돌돌 말아서 만들었던 것. 지금의 너에게 그 정도는 누워서 떡 먹기잖아.

학생들은 자기 칭찬을 잘 하지 못합니다. 자라면서 그런 것을 배운 적이 없습니다. 그래서 교사는 확인시켜 주면 됩니다. 교사는 학생들의 성장을 기억하고 있다가 확인해 주면 됩니다. 명확화 (clarification)라고 표현할 수도 있습니다.

그저 세월이 지나가고, 노력을 기울이고, 몰입하면서 얻어내는 것들을 교사가 "그것을 네가 한 거야?", "지난번과 달라진 거야?", "네가 그걸 잘 해. 알고 있니?" 정도로 명확하게 해 주면 됩니다. 학생들의 고개는 점점 들어지고 잘난 척이 늘어납니다. 괜찮지요. 그들이 신나게 사는 세상이 그려집니다.

3. 핀 포인트를 조정하는 평가

핀 포인트, 그 지점!
맞춤형 서비스에서 이야기되는 핀 포인트!
내비게이션에서 '네, 당신이 찾는 곳이 이곳입니다.'를 알려 주는 핀 포인트!

살아가면서 자기 자신에 대해 정확히 평가하는 것은 쓸데없는 시간 낭비를 줄이고 선택과 집중을 하기 좋게 만드는 전략적 태도입니다. 평가하는 주체에 따라 두 가지로 분류됩니다. 하나는 외부로부터의 평가이고, 하나는 내부로부터의 평가입니다.

'자기 장학'이라는 말이 나오기 시작할 때 교사들은 외부로부터의 평가에 이미 지쳐 있는 상황이었습니다. 다른 사람의 평가를 받지 않고 스스로 평가할 수 있다는 것만으로도 평가에 대한 부담을 없앨 수 있을 줄 알았습니다.

그러나 교사 본인을 포함한 모든 사람들은 자기 장학만으로 평가를 한다는 것에 대해 불안감을 느끼게 되었고, 그 다음으로 이어진 것이 업적 중심의 점수 체계를 만드는 것이었습니다. 평가라는 입장에서 보면 일정 부분 후퇴임에 틀림이 없습니다.

학생들의 핀 포인트를 조정하는 평가도 두 가지를 겸비해야 합니다. 평가는 그저 '너는 이 정도야.'라는 것을 알려 주는 것이 아니라 경험의 긍정적 누적, 학생들의 강점 강화, 더불어 우리 교실의 디자인 싱킹과 창의 공학의 수준 업그레이드입니다.

자기 평가로 인한 핀 포인트 조정

"너는 누구니?" "너는 지금 어디에 있니?"

교사는 학생들과 함께 평가 영역에 대해 합의하고, 명확하게 해 주어야 합니다. 평가가 성적을 내기 위한, 즉 평가를 위한 평가가 아니라 또 다른 시작, 다시 말해 핀 포인트를 조정해 주는 것이 되기 위해서는 그저 "네 스스로 평가해 봐."로는 되지 않습니다.

왜냐하면 평가라는 것도 어떻게 하는 평가가 보다 적절한지, 보다 타당한지, 보다 합리적인지 지도해야 하는 부분이 있기 때문입니다. '디자인 싱킹과 창의 공학'과 관련한 자기 평가 영역은 가드너의 다섯 가지 미래 마인드에서 아이디어를 가져오는 것이 적절합니다.

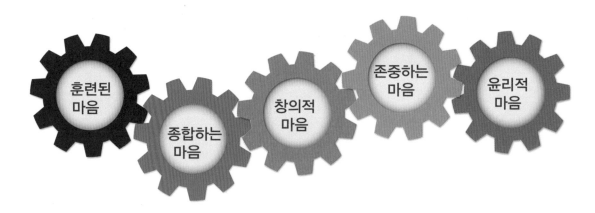

하워드 가드너(H. Gardner)의 미래를 위한 다섯 가지 마인드는 훈련된 마음(disciplined mind), 종합하는 마음(synthesizing mind), 창의적 마음(creating mind), 존중하는 마음(respectful mind), 그리고 윤리적 마음(ethical mind)입니다.

> ### 🌟 궁금하지 않으세요?
>
> "왜 어떤 것은 '∼ing'이고, 왜 어떤 것은 '∼ed'이고, 또 왜 어떤 것은 '∼ive'일까요?
> 왜 어떤 것은 진행형이고, 왜 어떤 것은 수동태이고, 또 왜 어떤 것은 형용사일까요?
> 이 뉘앙스의 차이가 궁금하지 않으세요?
>
> 훈련된 마음! 수동태지요. 경험을 통해 훈련되었다는 것입니다. 마음이 훈련되었다는 의미이지요. 종합하는 마음은 진행형이네요. 그리고 창의적 마음도 'creative mind'가 아니라 'creating mind'네요. 맞습니다. 자신이 주체가 되는 경우이지요. 내가 종합하는 마음으로 진행하고 있는 것이고, 자기가 주체가 되어 창조하는 것이지요.
>
> 그러면 존중하는 마음과 윤리적 마음은 왜 형용사일까요? 경험을 통해 마음이 훈련되고 그것이 종합하고 창조하는 주체적 행위를 통해 누적이 되면, 어떤 경우에서는 차이를 인정하는 존중하는 마음으로 드러나고 결과적으로 인간성에, 그리고 이 세상에 긍정적인 것을 도모하는 윤리적 마음으로 나온다는 것이지요.
>
> 궁금함이 신기함으로 그리고 기쁨으로 남네요.

그에 근거하여 다음과 같은 자기 평가서를 만들어줄 수 있습니다. 학생들은 1년의 학년 과정 중에 이를 표현하며 이를 통해 많은 정보들을 얻을 수 있습니다. 예를 들어 봅시다.

우선 일차적으로 학생들은 각 주제마다 자신의 다섯 가지 마음에 대해 질적으로 평가합니다. 여기에서 질적으로 평가한다는 것은 교사가 어떤 기준을 주고 학생들이 그에 맞추어 평가하는 것이 아니라는 의미입니다. 만약 어떤 학생이 자신의 창조하는 마음을 5로 점수화했는데 교사가 "너무 높게 했어. 그것보다는 낮아."라고 할 자격이 없음을 의미합니다. 일차적으로 다음에 나오는 표에 학생들이 표시하게 합니다.

디자인 싱킹과 창의 공학 자기 평가서

	1: 미래 도시	2: 투석기	3: 쓰레기 처리	4: 막대 다리	5: 제동 장치
훈련된 마음	1 2 3 4 5	1 2 3 4 5	1 2 3 4 5	1 2 3 4 5	1 2 3 4 5
종합하는 마음	1 2 3 4 5	1 2 3 4 5	1 2 3 4 5	1 2 3 4 5	1 2 3 4 5
창조하는 마음	1 2 3 4 5	1 2 3 4 5	1 2 3 4 5	1 2 3 4 5	1 2 3 4 5
존중하는 마음	1 2 3 4 5	1 2 3 4 5	1 2 3 4 5	1 2 3 4 5	1 2 3 4 5
윤리적 마음	1 2 3 4 5	1 2 3 4 5	1 2 3 4 5	1 2 3 4 5	1 2 3 4 5

그 다음 과정이 더 중요합니다. 학생들은 1년을 지내는 동안, 혹은 한 학기를 지내는 동안 자신에 대한 평가를 패턴화해 볼 수 있습니다. 패턴화를 하는 순간 너무나 많은 정보들을 얻을 수 있습니다. 패턴화하는 형식은 다음과 같습니다.

예를 들어 봅시다.

디자인 싱킹과 창의 공학 자기 평가서

	1: 미래 도시	2: 투석기	3: 쓰레기 처리	4: 막대 다리	5: 제동 장치
훈련된 마음	1 2 V 4 5	1 2 3 V 5	1 2 3 V 5	1 2 3 4 V	1 2 3 V 5
종합하는 마음	1 2 V 4 5	1 2 V 4 5	1 2 V 4 5	1 2 3 4 V	1 2 3 V 5
창조하는 마음	1 2 3 4 V	1 2 3 4 V	1 2 V 4 5	1 2 3 4 V	1 2 3 4 V
존중하는 마음	1 2 3 4 V	1 2 3 4 V	1 2 3 4 V	1 2 3 4 V	1 2 3 4 V
윤리적 마음	1 V 3 4 5	1 2 3 V 5	1 2 3 4 V	1 2 3 V 5	1 2 3 4 V

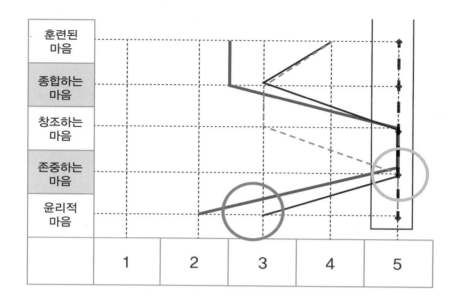

		1	2	3	4	5

함께 활동하였던 한 학생의 자기 평가를 기준으로 해 보았습니다. 그래프 하나만으로도 너무나 많은 것을 알 수 있습니다. 이 학생은 기본적으로 다른 사람의 차이를 존중하는, '존중하는 마음'이 좋으며, 창조하는 마음도 상대적으로 좋은 친구입니다. 주제에 따라 기술 정도는 다소 차이가 있으나 창조하는 마음은 상대적으로 좋습니다.

다만 자신의 작업이 세상의 어느 것에 기여하는지 UX, 즉 사용자 중심에서 무엇이 의미 있게 긍정적인지를 찾는 것에 대해서는 스스로 의미를 찾지 못하는 경향이 있습니다. 그리고 주제의 영향을 다소 받습니다. 특히 쓰레기 처리와 같은 것에서는 자신이 어떻게 창의적 능력을 발휘해야 하는지에 대해 다소 자신을 낮게 평가하고 있습니다.

이 학생의 경우 평가를 통해 어떻게, 어떤 방향으로 핀 포인트를 조정할 수 있을까요? 순수 공학이나 토목 공학, 건축 공학, 기계 공학 쪽의 활동이 적절할 수 있습니다. 만약 쓰레기 처리에 대해서도 토목, 건축, 기계와 같이 직접 무엇을 만드는 쪽으로 이끌면 더 좋은 결과를 기대할 수 있습니다.

교사 평가로 인한 핀 포인트 조정

학생들을 평가할 때 난감함을 느낄 때가 있습니다. 많은 학생들은 평가를 '성적'으로 받아들이기 때문입니다. "이렇구나."라고 하면 "네." 합니다. 그게 끝입니다. "그러면 어떻게 할까요?"라는 질문은 거의 없습니다. 학부모님들은 정반대의 입장입니다. "이렇습니다."라고 이야기하면 "그럼 어떻게 할까요?"라고 합니다. 그러나 긍정적이지는 않습니다. 부모들의 "어떻게 할까요?"는 빠른 변화를 요구하는 것이기 때문입니다.

오히려 교사들의 평가로 인한 핀 포인트 조정은 핀을 조심스럽게 옮겨 주는 것이고, 그것은 비고스키의 비계 설정(scaffolding)으로 이해해도 무방합니다.

유능한 관찰자인 교사는 학생이 스스로 유능하게 아무 도움도 없이 할 수 있는 것이 무엇이고 어느 정도인지를 **관찰합니다.** 그리고는 유능한 또래나 성인의 약간의 도움, 혹은 의미 있는 약간의 경험으로 업그레이드가 될 수 있는 지점을 정하게 되는데, 이것이 비계를 설정하는 것입니다. 그리고 학생이 스스로 유능하게 할 수 있는 지점과 교사가 제공한 비계 사이의 영역을 근접 발달 지대(Zone of Proximal Development, ZPD)라고 합니다.

학생들이 사용하는 자기 평가서의 형식 그대로를 교사가 사용해도 좋습니다. 같은 형식으로 교사와 학생이 평가하는 순간, 핀 포인트 조정에 대한 의견도 나눌 수 있습니다. 교육 현장에서의 평가가 양적인 평가에 집중되어 있기 때문에 질적인 평가에 대한 두려움과 불안이 있을 수 있습니다. 그러나 교사의 전문성에 근거한다면 양적 평가보다 질적 평가가 더 적절합니다. 양적 평가는 전문성이 다소 부족해도 할 수 있지만 질적 평가는 전문성을 준거로 하기 때문입니다.

다만 평가는 같다 하더라도 그 평가의 결과로 교사가 취해야 하는 행동에서는 다소 차이가 나야 합니다. 그래야 지도이고, 교육이 됩니다. 교사는 평가에 준하여 다음과 같이 할 수 있습니다.

❶ 선행 핀 포인트 조정

교사는 학생들이 하나의 주제를 수행해 가는 과정에서 목걸이 수첩에 많은 것들을 관찰하여 기록합니다. 그리고 같은 평가지를 통해 교사도 학생들의 다섯 가지 마음을 평가합니다. 이에 준하여 교사는 다음 주제를 만날 때 핀 포인트를 학생보다 먼저 정해 놓을 수 있습니다. 교사는 이를 활동 전에 학생에게 제시하고 권할 수 있습니다. 다만 비계 설정의 의미에 충실하여 '약간의 도움을 받아 이룰 수 있는 지점'을 권해야 합니다.

예를 들어 특정 학생의 평가지를 보면서 "아, 이 학생이 윤리적 마인드를 못 찾고 있네."라고 평가할 수 있습니다. 교사는 그 학생에게 "윤리적 마인드가 어떤 뜻일까?"를 묻고, 만약 그 학생이 정말로 자신의 고민이나 만드는 과정, 그리고 결과물이 세상이나 다른 사람의 가치에 대해 기여하고 있지 못하다고 생각한다면, 학생의 결과물이나 과정에 대해 재해석해 줄 수 있습니다. '너와 비슷한 학생들이 고민하고, 모형을 만들고, 시행착오를 겪는 과정이 얼마나 필요하고 멋진 일인지를 알려주는 것'만으로도 윤리적 마음을 재확인할 수 있기 때문입니다. 이때 교사는 그러니 네 윤리적 마음을 2에서 3으로 조정할 수 있다. 만약 3에서 4로 조정하고 싶다면 네가 고민을 할 때 상대방, 즉 'user'의 마음을 좀 더 조망해 보자고 권할 수 있습니다.

❷ 공동 연구자로서의 개입

종종 교사는 개입을 할 수 있습니다. 아니 개입을 해야 합니다. 학생들이 주제를 하나하나 해 나가면서 업그레이드가 되는 것은, 경험에 의해 자연스럽게 이루어지는 부분이 있고 교사의 약간의 개입에 의해 이루어지는 부분이 있습니다.

정보를 공유하고 정보에 대한 해석에서 약간 앞서갈 수 있고, 적절한 시기에 현장 견학 혹은 전문가 초빙 등으로 개입을 할 수도 있습니다. 몇 가지 기억해 봅시다.

(1) 지도, 지시가 아니라 개입이다

교사가 학생들과 상호 작용을 하거나 교육을 할 때 '어투를 어떻게 하는가?'는 단 한번이라 하더라도 학생들에게 영향을 미칩니다. 교사가 "아니~ 이렇게 해!"라고 지시하는 순간 학생들은 해당 교실이 '지시 받고 지시하는 공간'이라는 인식을 갖게 됩니다. 내가 무엇인가를 이루어가고 있고 새로운 것을 찾아내고 있다는 기쁨이 학습에 있어야 하는데, 그저 교사가 아는 것을 자신들이 전달 받고 외워야 한다는 인식하는 순간 적극적 학습은 사라지게 됩니다.

단 한번이라 하더라도 위험합니다. 핀 포인트를 조정해 주고자 할 때에도 '이리로 옮기겠다.'가 아니라 '이거는 어때?'라고 의견 제시 정도로 해야 합니다.

(2) 어느 경우에도 '학생 중심'을 잊어버리면 안 된다

학생들이 주도적이라는 의미의 '학생 중심'은 교사들에게 그리 쉬운 일은 아닙니다. 어떤 학생은 말도 안 되게 본인을 과대평가하는 것으로 판단이 되고, 어떤 학생은 "왜 저렇게 본인을 과소평가하지?"라는 판단이 들 수도 있습니다. 모르는 사람이 보면 우리 반 1등은 A인데, C가 될 수 있다는 생각에 마음이 답답해질 수도 있습니다.

그러나 핀 포인트 조정은 내부 평가라고 보면 정확합니다. 완벽주의자이고 내성적이며 철저한 성격의 학생이라면 교사가 아무리 100점을 주어도 만족하지 못합니다. 자기 자신에 대해 나르시스적 생각을 가진 학생이라면 교사가 아무리 30점을 주어도 "나를 몰라보는 군."하고 말 것이기 때문입니다.

핀 포인트를 조정해 줄 때 반드시 학생이 스스로 정한 핀 포인트를 확인하고, 거기에서 약간만 옮겨 주도록 합니다. "야, 네가 어떻게 80점이야. 20점으로 옮겨."라는 한마디는 이 모든 과정을 망쳐 버립니다.

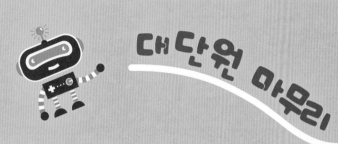

❶ 디자인 싱킹과 창의 공학의 마무리 단계에서 그동안 한 작업들을 어떻게 모을 것이며, 그것들을 어떻게 의미화하고, 해석하고, 발표하게 할 것인지 생각해 봅시다.
다양한 방법으로 제시할 때 학생들의 개별적 강점이 측정될 것이며, 학생들은 자신의 강점에 준해 자신의 진로를 개척할 수 있을 것입니다.

❷ 평가는 다른 사람이 내리는 평가도 있지만 자기 스스로 내리는 평가도 있습니다. 그 결과는 성적을 내는 것이나 결과의 비교 등이 아니라 자신의 경험 누적을 체크하고, 그로 인해 더욱 성장하고 발달하는 원동력을 얻기 위함입니다.

❸ 발표는 다양한 방법으로 할 수 있습니다. 유튜브 촬영 등으로 자신의 동영상을 모아 두는 것은 의미 있는 일입니다.

❹ 교사가 "아니~ 이렇게 해."라고 지시하는 순간 학생들은 해당 교실이 '지시 받고 지시하는 공간'이라는 인식을 갖게 됩니다. 학습에는 내가 무엇인가를 이루어 가고 있고 새로운 것을 찾아내고 있다는 기쁨이 있어야 하는데, 그저 교사가 아는 것을 전달받고 외워야 한다고 인식하는 순간 적극적 학습은 사라지게 됩니다. 핀 포인트를 조정해 주고자 할 때에도 '여기로 옮기겠다.'가 아니라 '이것은 어때?'라고 의견 제시 정도로 해야 합니다.

❺ 교사는 학생들에 대한 평가를 통해 핀 포인트를 조정하게 됩니다. 이 과정에서 교사는 어느 경우에도 '학생 중심'을 잊어버리면 안 됩니다. 핀 포인트를 조정해 줄 때 반드시 학생이 스스로 정한 핀 포인트를 확인하고, 거기에서 약간만 옮겨 주도록 합니다. "야, 네가 어떻게 80점이야, 20점으로 옮겨."라는 한마디는 이 모든 과정을 망쳐 버립니다.

6

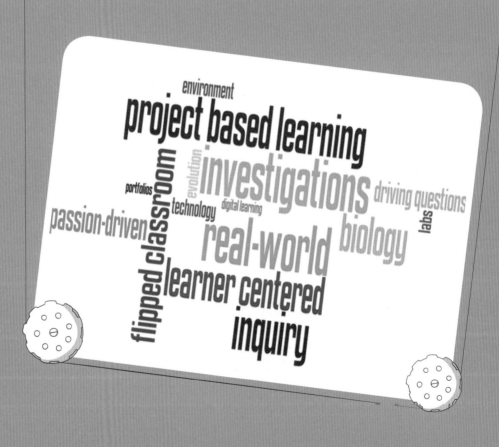

environment
project based learning
portfolios investigations driving questions
evolution
passion-driven technology digital learning labs
flipped classroom real-world biology
learner centered
inquiry

프로젝트 기반 학습(PBL): 세상에 널린 프로젝트

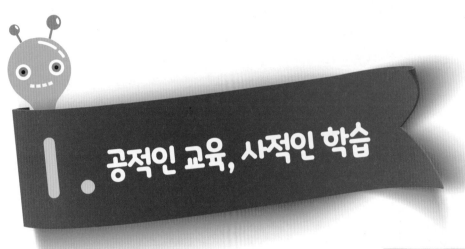

1. 공적인 교육, 사적인 학습

공적인 교육에 대해 무한한 신뢰를 가졌던 시절이 있었습니다. 그러나 동전의 양면처럼, 모든 교육이 공적인 교육이 되어 가면서 교사의 질적인 부분에 대한 고민은 없어지고 '표준'이라는 말로 일정 정도의 질적 수준 유지가 되었지만, 개별적인 질적 강점에 대해서는 표현하지 못하였습니다. 표준 교육 과정이나 표준 보육 과정을 만들면서 어느 순간부터 교사의 상호 작용까지 모두 적게 되었고, 하물며 '상호 작용을 적을 때 존댓말로 적을 것인가, 반말로 적을 것인가'로 회의를 한 적도 있었습니다.

표준이라는 말은 '공적'이라는 말과 맞물려 때로는 자극이 되었고 때로는 쉼터가 되었습니다. '이렇게 해야 해.'일 때도 있었고 '이 정도만 하면 돼.'일 때도 있었습니다. 기본 취지가 어떤 것이었든 받아들이는 입장에서의 학습은 자연스럽게 공적인 학습이 되었고, 내가 내 호기심에 따라 공부하는 것이 아니라 누군가가 정해 놓은 내용을 내가 얼마나 성실히 외우고 따라가느냐에 초점이 맞춰지게 되었습니다. 어느 순간부터 학생들의 지적 호기심은 오히려 무시되기 시작하였습니다. 지적 호기심을 '앞 연령의 교육 과정을 빠르게 배우는' 선행 학습으로 이어 놓았습니다. 그러면서 우리들의 학습은 망가졌다고 해도 과언이 아닙니다.

학습에는 '스스로 익힘'이 빠질 수가 없습니다. 스포츠를 생각해 보면 어떨까요? 우리가 '학습'이라고 하면 학교에서의 공부만 생각해서 다소 오해의 소지가 생길 수 있으니까요. 투수한테 잘 던지는 법을 교육한다고 가정해 봅시다. 분명히 정확히 전달했을 것입니다. 그래도 스트라이크도 나오고 실투도 나옵니다.

타자한테 잘 치는 법을 교육한다고 해 봅시다. 잘 치는 법을 배웠으면, 잘 익혀서 그저 매번 안타를 치면 될 일이고, 홈런을 치면 될 일 아닌가요? 타자가 타율이 3할만 되면 잘 친다고 이야기합니다. 그렇다면 타자는 무엇의 영향을 받을까요? 바람의 영향일까요? 또는 컨디션의 영향일까요? 학교에서는 어떨까요? 내가 가르치는 학생이 열 번 시험을 봐서 성공률이 3할이면 되는 것일까요? 아니면 학교이기 때문에 당연히 100% 성공해야 할까요? **이것이 공적인 교육에 대한 오해입니다.**

공적인 교육은 모든 학생들에게 같은 것을 교육합니다. 물론 학생에 따라 조금 다르게 설명할 때도 있고, 교사의 역량에 따라 학생들의 개별적 차이를 반영하여 지도할 수도 있습니다. 그러나 공적인 교육의 기본은 같은 내용입니다. 표준 교과, 표준 교육 과정이기 때문입니다. 그럼에도 불구하고 학습은 사적으로 이루어집니다. 만약 학습이라는 것이 이런 개별적 요소가 없다면 무슨 재미가 있을까요?

학습과 관련한 상담 대화 내용입니다.

▶ 상담자: 대부분의 정보를 시각적으로 받아들이네요.

▷ 어머니: 우리 아이요? 그거 좋은 건가요? 하도 게임을 많이 해서 그런 건가요?

▶ 상담자: 좋다, 나쁘다에 해당되는 이야기는 아닙니다. 시각적으로 받아들이는 속도가 상대적으로 빠르네요. 게임을 많이 해서 그런 건 아니고, 게임을 좋아하는 이유가 될 수는 있지요.

▷ 어머니: 그러니까요. 영어 단어를 외우려면 연습장에 써야 하잖아요. 여러 번 쓰고, 또 써야 하는데 얘는 영어 단어를 다 외웠다면서 책장을 그냥 넘겨요.

▶ 상담자: 어머니가 생각하시는 것보다는 잘 외우고 있을 수도 있습니다.

▷ 어머니: 아니, 무슨 단어를 쓰지도 않고 외워요?

▶ 상담자: 영어 단어가 적힌 페이지를 사진 찍는다고 보시면 되지요. 찰칵~

▷ 어머니: 진짜요? 저희 아이가 진짜 그렇게 보거든요.

▶ 상담자: 그리고 어머니가 길게 말씀하셔도, 이 친구는 길게 이야기 듣는 것을 워낙 싫어하기 때문에~

▷ 어머니: 맞아요. 아예 듣지도 않아요.

상담 현장에서 이루어지는 사례일 뿐입니다. 전달하고 싶은 바는 **학습에서의 효율성, 효과성**입니다. 학습 방법 혹은 문제 해결 전략에 있어서 개별성은 반드시 고려되어야 하고 반영되어야 하는데, 그것이 아니라 하나의 방법으로만 이루어진다면 미래 시대를 살아갈 학생들을 적절히 교육한다고 볼 수 없습니다.

그리고 여러 학생들이 있는 교실에서 사적인 학습이 이루어지도록, 개별 학습이 실현되도록 하는 방법은 프로젝트 학습이 유일하다고 보아도 과언이 아니며, 그 안에서 디자인 싱킹과 창의 공학으로 실현됩니다.

2. PBL로 개별 학습을 실현하다: 프로젝트 전문 교사는 컬링 코치

 서로 다른 학생들이 한 교실에 있다

개별 학습, 개별적 차이를 존중하고 개별적으로 접근하는 학습입니다. 듣기에는 아름다운 말이지만 교사들이나 교육 현장을 운영하는 사람들의 마음속에는 '그렇다고 어떻게 학교라는 곳에서 개별 학습이 가능해?', '그건 한국의 현실을 몰라서 하는 소리지. 다른 나라는 기껏해야 한 교실에 15명 정도 아닌가?'라고 생각하는 사람들이 많습니다.

그러나 20여 년 전에 교실에서 프로젝트 수업을 하자고 할 때, 대부분의 교사들은 한 교실에 30명만 되면 하겠다고 했었습니다. 지금 교실 상황은 어떠한가요? 이전에 못하던 것은 지금도 못하고, 지금 못 하는 것은 이후에도 못한다고 봅니다.

이제 개별 학습이 어떻게 가능한지를 풀어보겠습니다.

상상하다, 생각하다, 만들다, 나누다. 지금까지 이 모든 과정을 설명해 왔습니다.

학교 현장에서 어떤 학생들은 기발한 생각을 하지만 현실성이 부족하고, 어떤 학생들은 현실성에 집착하느라고 창의적인 생각을 못하고, 어떤 학생들은 그저 생각할 뿐 무엇인가를 만들자고 하면 두려움을 느끼고 못한다고 뒤로 빠지고, 어떤 학생들은 나누는 것 자체에 관심이 없기도 합니다. 모든 교사들이 개별적 지도에 부담을 가지지만 교사들과 이야기를 하다 보면 본인이 운영하는 교실에 대해 모두 파악하고 있음을 알 수 있습니다. 교사이기에 상황을 주면 그 상황에 맞는 학생들의 실명을 거론할 수 있고, 그 특성을 이야기할 수 있습니다. 그러면 인정해야 할 것은 이미 볼 수 있는 눈은 다 가지고 있다는 사실입니다. 다만 개별성을 물을 수 없고 반영할 수 없는 것입니다. 다만 개별성이 발현될 시간이 없고 개별성이 존중된 상황이 적다는 것입니다. 한 반에 여러 명의 학생이 있을 때 개별성을 어떻게 반영하고 교육할지 이야기해 봅시다.

	상상하다	생각하다	만들다	나누다
모두 못함				→
소수 잘함 다수 못함				→
소수 못함 다수 잘함				→
모두 잘함				→

학생들과 활동하다 보면 기존 정보들을 많이 가지고 있어 교사가 제시하는 문제에 대해 해결 방법을 상상하는 데 강점을 가진 친구들이 있습니다. 그러나 '실제로 어떻게 그것을 실현할 것인가?'에 대해서는 자신 없어하고 막막해 하는 친구들도 있습니다. 그런 학생들은 대부분 멈춰 있고 교사에게 도움을 청합니다. 스스로는 '상상하다'의 다음 단계로 절대로 가지 못하는 학생입니다. 어떤 학생들은 만들기를 너무 좋아해서 재료에 먼저 손이 가고, 하물며 재료를 재지도 않고 잘라 버리는 경우도 있습니다. 그러나 그 학생에게 디자인이나 스케치를 하라고 하면 싫어하는 경우도 있습니다.

모두가 못 하는 경우와 모두가 잘 하는 경우는 그대로 가면 됩니다. 모두가 못 하는 부분에 대해서는 강의 형식으로 필요한 정보를 주고 진행하면 되고, 모두가 잘 하는 부분에 대해서는 지원하면서 가면 됩니다. 만약 대부분의 학생들이 무난하게 지나가는 면을 소수가 못하면 어떻게 해야 할까요? 이 경우, 어느 정도 개인 지도가 필요할 수 있습니다. 다수가 활동을 하는 동안 도움이 필요한 소수의 학생들을 따로 모아 해당 부분에 대한 지도를 하는 것입니다.

소수가 잘하고 다수가 어려워하는 경우는 반대의 경우이며, 이때는 유능한 또래(competent peers) 개념을 적용하여 다수의 학생들을 나누어 소수의 학생들이 모델링으로 지도하도록 하면 좋습니다. 이때 교사는 소수의 학생들로 하여금 다수를 지도하게 하는 것이 아니라, 소수의 학생들이 다수의 학생들에게 본인이 어떻게 이 과정을 소화하였는지, 어떻게 이 과정을 성공적으로 수행했는지를 보여 주도록 하는 것입니다. 딱지치기는 아버지가 가르쳐 주는 것보다 눈에 그럴듯해 보이는 오빠가 지도하는 것이 훨씬 효과적이기 때문입니다. 그림으로 표현해 봅시다.

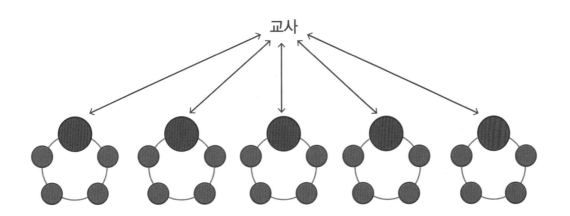

교사는 교실 내의 역동성(dynamics)을 충분히 활용해야 합니다. 얼핏 보면 교사들 마음속에 '그러면 어느 학생은 다른 학생들에 비해 너무 우위에 있음을 인정해 버리는 것 아닐까?'라는 염려가 생길 수 있습니다. 만약 그런 염려가 마음에 생겼다면 이미 당신은 매우 훌륭한 교사입니다. 그런 염려 자체가 학생에 대한 사랑에서 나오기 때문입니다. 그러나 역동성은 항상 변합니다. '상상하다'를 잘하는 학생이 반드시 '만들기'를 잘하라는 법이 없고, '만들기'를 잘하는 학생이 반드시 '나누다'를 잘한다는 법이 없기 때문입니다.

6. **프로젝트 기반 학습(PBL):** 세상에 널린 프로젝트

현장에서 학생들과 활동하다 보면 그런 경우는 거의 없습니다. 그래서 이런 경우에는 A가 유능한 또래가 되고, 저런 경우에는 B가 유능한 또래가 되기 때문에, 학생들 내부에서도 특별한 갈등이나 불만의 요소는 없었습니다. 교사는 빨간색 원으로 표시된 유능한 또래들과 회의를 하고, 각자 자신의 경험을 이야기하고, 친구들의 질문에 답해 보라고 권하며, 그 결과에 대해서도 대표 회의(유능한 또래들과 교사)를 거쳐 전달을 받으면 됩니다.

다음으로 다수가 무난하게 넘어가는데 소수가 어려워하는 경우입니다. 가장 유의해야 할 점은 학생들 내부에서 해당 학생에 대해 편견이 생기는 것입니다. "쟤는 잘 못해.", "쟤, 지난번에도 그러지 않았나?"라는 생각은 무섭게 퍼져나갈 수 있기 때문입니다. 교사는 이런 경우 항상 멈춰야 합니다. 어느 경우에도 교실 내에서 편견이 인정되도록 해서는 안 됩니다. 이는 프로젝트 수업에서뿐만 아니라 우리들의 교실에서 절대 용납되어서는 안 되는 일입니다. 그리고 모든 사람이 각자 강점을 가지고 있고, 자기만의 지능의 조합을 가짐을 이야기하고 가야 합니다.(참고: 하워드 가드너의 다중 지능 이론)

> 교사는 어느 경우에도 교실 내에서 편견이 인정되도록 해서는 안 됩니다.
> 이는 프로젝트 수업에서뿐만 아니라
> 우리들의 교실에서 절대 용납되어서는 안 되는 일입니다.

그림 그리기를 두려워하는 학생들이 많이 있습니다. 이 학생들과 이야기하다 보면 그림은 잘 그리고 싶은데 자기는 그림을 못 그린다고 합니다. 왜, 어디에서 그런 평가를 받았고 그런 평가를 왜 내면화했는지에 대해서 이야기하기는 어렵습니다. 이 경우 학생들의 만족도를 가장 높이는 방법은 'OHP'였습니다.

컴퓨터에서 원하는 그림을 찾고 그 위에 OHP 필름을 대고 네임펜 등으로 옮겨 그리는 것을 매우 좋아합니다. 몰입도가 부쩍 올라가고 자기 그림에 대한 만족도도 높아집니다. 교수 방법이란 이런 것입니다.

소수의 학생들이 과정을 어려워할 때 대놓고 부족하거나 약한 점을 지도하면 교실 안에서 편견이 퍼질 수 있습니다. 두 가지 방법을 사용할 수 있습니다.

하나는 조교로서의 역할 부여이고
다른 하나는 관찰자의 역할 부여입니다.

조교라고 이름 붙여진 학생은 수업 활동 중에 교사 옆에서 교사의 말을 받아 적거나, 교사가 다른 학생들을 지도할 때 필요한 물품을 준비해 주거나, 교사의 지시에 따라 다른 학생들의 활동을 도울 수 있습니다.

"여기를 좀 잡아 볼래?"

"이 친구가 생각한 것이 스케치로 잘 안 된다는데, 검색하는 것을 같이 도와줄래?"

"이 친구는 생각나는 것들이 너무 많은 것 같다. 이 친구가 이야기하는 것을 적어 볼래?"

"이 친구가 망치를 사용해야 하는데, 안전 장갑을 끼고 여기를 잡아 줄래?"

조교 역할을 하면서 해당 학생은 친구들의 작업을 바로 옆에서 볼 수 있습니다. 간접적인 교육의 효과를 가질 수 있고, 교사가 다른 학생들에게 하는 말을 받아 적어 봄으로써 교육의 효과를 가질 수 있습니다. 교사는 그저 수업 마지막에 조교 역할을 하는 해당 학생과 짧은 시간 미팅을 가져 주면 됩니다. "오늘 조교 활동을 하면서 무엇을 새로 알게 되었니?", "다른 친구들이 무엇을 제일 어려워하든?" 등을 물어 보면 됩니다.

다음은 관찰자로서의 역할 부여입니다. 이 경우는 해당 학생이 조교 역할을 감당하기에도 어려움이 있는 경우입니다. 인성적으로 수줍음이 많거나 소극적이어서, 그리고 새로운 일에 대한 두려움이나 교사와의 긴밀한 상호 작용에 대한 두려움이 있는 경우, 수첩 하나를 주면서 "교실에서 보이는 특이한 것, 활동하면서 네 눈을 끄는 것을 모두 적어 봐."라고 지시합니다. 심적 부담을 덜 주기 때문에 조용하거나 위축된 학생들에게 좋은 방법입니다. 그리고 다른 학생들의 활동 과정을 보다 가까이에서 볼 수 있기 때문에 효과적입니다.

 ## 2 교실 안의 범주(Scope)를 알고 있어야 한다

교사는 교실 환경의 일부입니다. 활동을 가장 잘 하는 교사는 학생들에게 새로운 활동을 계속 제시하거나 학생들보다 우월하게 높은 위치에서, 혹은 수준에서 학생들을 지도하는 사람이 아니라 활동 시간에 잘 안 보이는 교사입니다. 학생들 사이에 파묻혀 활동하고 있기 때문입니다. 교사가 교실의 일부가 될 때 그 교사는 진정한 교육자가 됩니다. 그러려면 교사는 교실에 무척 익숙해야 합니다. 교실에 익숙하다고 하는 것은 무슨 말일까요? '모든 교사는 교실에 익숙한 것 아닌가요? 다 자기 교실인데?'

그런 정도의 가벼운 이야기가 아닙니다. 교사는 교실 안의 모든 범주를 알고 있어야 합니다. 교사는 교실 안에서 발생할 수 있는 모든 범주(Scope)를 알고 있어야 합니다. 그래야 어느 상황에서든 적절한 반응과 태도, 그리고 상호 작용을 할 수 있습니다.

위에서 이야기한 개별 학습에 좀 더 들어가 봅시다. 이 부분을 소화할 수 있다면 어느 장소에 가서나 개별 학습에 대해서는 입을 열어 자신 있게 이야기해도 되고, 개별 학습에 대해서는 전문가가 되는 것입니다.

이를 컬링에 비유해 보고자 합니다. 컬링은 동계 스포츠 종목으로, 한때 우리나라 여자 컬링 선수단이 이슈가 되면서 많은 사람들에게 알려진 종목입니다. 컬링이 시작되면 각도를 맞추어 한 선수가 컬링 스톤을 밀고, 그 컬링 스톤이 원하는 지점에 도착하도록 다른 선수들이 얼음판을 정리합니다.

컬링 경기를 본 사람은 알겠지만, 선수들은 서로 각도와 속도를 잡아 주느라 열심히 협업을 합니다. 정확하게 골인 지점에 도달하면 희열을 느끼게 됩니다. 교실도 이와 같다고 비유하는 것입니다.

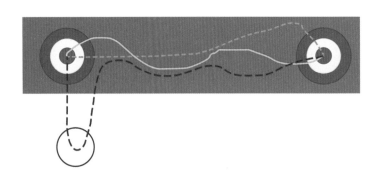

학생들은 출발선에 서서 출발을 합니다. 교실에서는 어느 정도의 범주를 가지고 활동을 합니다. 어느 정도의 범주를 가지느냐는 교사의 역량과도 관련이 있습니다. 무조건 넓고 크다고 해서 좋은 것은 아닙니다. 집중이 있어야 하고, 몰입이 일어나도록 해야 하기 때문입니다. 재활용품의 합으로 움직이는 것을 만들 때 한 학생이 집에 있는 전기 모터를 가지고 오겠다고 하면 이를 제한시키는 것도 교사여야 하고, 재활용품이라는 매체를 강조하는 것도 교사여야 합니다. 반대로 생각의 전환이 이루어져야 하는 과정에 학생들이 "아, 그냥 익숙한 대로 해요."라고 하면, 그 생각을 막는 것도 교사입니다.

교사는 범주 밖으로 심하게 나가는 스톤을 가볍게 쳐서 경기장 안으로 들어오도록 하거나, 반대로 너무 곧게 가는 스톤은 살짝 건드려 변이를 주기도 합니다. 이러니 교육도 연애라고 하고, 댄스라고도 합니다. 출발점에서 직선으로 가면 그대로 골인 점에 도달합니다. 교사는 이러한 점을 알고 있어야 할 것입니다.

변이를 어느 정도 허락해도 되는지에 대한 경험적 지식도 가지고 있어야 합니다. '어느 정도의 변이가 학생들의 창의적 사고를 여는가?'에 대한 경험적 지식도 가지고 있어야 하며, 경기장이라는 것은 위험 요소도 좀 있어야 더 흥미롭다는 것도 알고 있으면 좋습니다. 학생들이 힘들다고 말해도, 힘듦이 결과적으로는 자연스럽게 해결될 것임을 경험적으로 알고 있어야 하고, 순간순간 도와주는 것이 오히려 골인 지점으로 향하고 있음을 망각하게 되는 결과로 이어진다는 점도 알고 있어야 합니다.

> 신나게 나무판에 못을 박던 은서는 두 개의 바퀴를 달고 보드를 만들겠다고 하였다. 교사는 이미 알고 있다. 두 개의 바퀴로는 균형을 잡지 못한다. 그러나 아무런 이야기도 하지 않는다. 두 개의 바퀴를 달았다. 예상했던 대로 굴러가지 않았다.
>
> 실망한 은서는 이제 다른 것을 만들겠다고 했다. 그러나 교사는 "조금 다르게 생각하면 훌륭한 보드가 될 것 같은데? 지금 균형이 안 맞는 거지?"라고 물었다.
>
> "아~ 그럼 바퀴 네 개?" 은서가 신나서 이야기했다. 교사는 다시 아무 이야기도 하지 않는다. 두 개의 바퀴보다는 네 개의 바퀴가 훨씬 낫다. 그러나 그 다음에 또 다른 문제에 부딪치게 될 것이다.
>
> 아니나 다를까 네 개의 바퀴를 달았어도 보드는 다시 휘청거렸다. 이제는 정말 하기 싫다고 말하는 은서에게 교사는 다소 넓은 판을 가져다주었다.
>
> 은서가 말했다.
>
> "아~~~~!"

학년 말이 되었는데도 여전히 교사가 땀을 뻘뻘 흘리면서 지도를 하는 교실을 볼 때가 있습니다. 학년 초라면 이해가 되지만 학년 말인데도 여전히 교사 혼자 땀을 뻘뻘 흘리는 교실 말입니다. 학부모들은 칭찬할 수 있습니다. "와, 선생님 진짜 열심히 하시네요!" 아이들도 감탄해 줄 수 있습니다. "우리 선생님은 진짜 열심히 해."

그러나 좀 이상하지 않나요? 칭찬을 들어야 할 사람은 학생들인데 교사가 듣고 있습니다. 학년 말인데 말입니다. 학년 초부터 본인의 교실에서 벌어지는 모든 'scope'를 알게 되는 교사는 학년 말에 그렇게 땀 흘려 혼자 일하지 않습니다. 특정 학생이 어느 단계에서 힘들어 하는 경향이 있었으나 몇 번의 컬링(curling) 지도로 이제는 자기가 그 단계에서 의례 힘듦을 알고, 어떻게 극복해야 하는지도 알게 된 학생들이 그저 무난하고 평온하게 가게 되었을 테니 말입니다. 학년말의 교실은 그래야 합니다.

한 가지 더, 앞의 그림에서 빨간색 원으로 표시된 경우를 이야기하겠습니다. 출발하자마자 과한(over) 방향으로 가는 경우입니다. '상상하다'의 단계에서 절대 현실적이지 않은 아이디어를 내거나, 학교 현장에서는 이룰 수 없는 것을 이야기하면 교사는 "안 돼."라고 하기 보다는 현실적인 대안을 마련하는 것을 고민하고 지도해야 합니다.

3. 프로젝트 만들기: 테마(Theme) 잡기

① 테마 잡기

프로젝트 주제는 무엇이고 테마는 무엇인가?

이에 대한 논쟁은 오랫동안 이어져 왔습니다. 비유하자면 테마는 놀이마당이고 프로젝트는 놀이감입니다. 테마는 새로 이사하는 방이고 프로젝트는 그 방을 꾸미는 일이지요. 프로젝트 주제를 잡을 때는 테마 안에서 잡도록 해야 합니다. 테마는 추상적일 수 있지만, 프로젝트 주제는 추상적일 수 없습니다. 테마는 눈에 보이지 않는 것일 수 있지만, 프로젝트 주제는 눈에 보이는 것이 적절합니다.

테마도, 프로젝트 주제도 학생들에게 친숙한 것으로부터 시작하는 것이 좋고, 서로 공유되는 바가 많은 것이 좋습니다. 사전 경험이 어느 정도 있는 것이 좋고, 기존 지식과 정보를 가지고 있는 것이면 더욱 좋습니다.

② 테마 잡기 원칙

❶ 사전 경험

교실에 있는 대부분의 학생들이 사전 경험을 가지고 있는 것이 테마로 잡히면 좋습니다. 이때의 사전 경험이란 실제로 체험한 것일 수도 있고, 들어 본 적이 있는 것도 포함되며, 생각해 본 적이 있는 것도 포함됩니다.

> 사전 경험이란 실제로 체험한 것일 수도 있고,
> 들어 본 적이 있는 것도 포함되며,
> 생각해 본 적이 있는 것도 포함됩니다.

예를 들어 '전쟁'이라면 직접 경험해 본 적은 없지만 들어 본 적도 있고 생각해 본 적도 있을 것입니다. '장애'도 마찬가지입니다. 직접 경험해 본 적은 없지만, 보거나 들어 본 적은 있을 것이며, 그와 관련된 사회 기사도 접한 적이 있을 것입니다.

이런 것들은 모두 사전 경험입니다. 사실 학생의 입장에서 모든 사전 경험이 실제로 자신이 체험한 것일 수는 없습니다. 책에서나 기사에서 혹은 방송에서 접한 것일 가능성이 높고, 타인의 경험으로부터 전달받은 것도 사전 경험입니다.

❷ 관심사

사람들의 관심사는 얼마나 다양할까요? 이는 가장 기본적인 의식주와 관련된 것들로부터 시작합니다. 학생들의 경우 자신이 가장 관심 있어 하는 게임기나 스마트폰이 될 수 있고, 학교 교실도 될 수 있습니다. 인공 지능이 한창 이슈가 될 때는 인공 지능이나 로봇에 대한 것을 테마로 잡을 수 있습니다. 최근에는 학생들이 패션이나 화장에 대해서도 관심을 많이 보이고 있습니다.

학생들의 관심사에 따르는 것이 적절한 테마가 됩니다. 교사들이 많이 묻는 질문 중 하나가 "그렇게 테마를 정해서 수업을 하면, 그 연령에 반드시 배워야 하는 것은 어떻게 합니까?"입니다. 실은 같은 질문을 저자도 했었습니다. 처음 프로젝트를 배울 때, "그러면 봄은 언제 배우고, 여름은 언제 배우나요?"라고 했지요. 대답은 우문현답으로 왔습니다. "왜 봄을 꼭 3월에 배워야 하나요?" 되돌아온 그 질문에 답을 하지 못했습니다.

'구구단은 반드시 초등학교 2학년 때 떼어야 하고, 한글도 그렇고, 영어 단어 1,000자는 적어도 초등학교 5학년 때 떼어야 하고…….' 이런 것들은 우리 모두에게 꼭 필요한 것은 아닌 하나의 제약일 뿐입니다.

9.11 테러가 일어났던 날을 똑똑히 기억합니다. 교사가 아무리 그날 수업 준비를 열심히 하였다고 해도 9.11 테러가 일어난 날, 학생들의 관심은 전부 거기에 가 있었습니다. 학생들의 관심은 '어떻게 그렇게 큰 건물이 무너질 수 있는가?'였고, 이는 건축에 대해 가르칠 수 있는 아주 좋은 기회가 되었습니다.

❸ 주변 상황

표준 교과 과정에는 지역별 특성을 반영하라고 명시되어 있습니다. 그만큼 학생들의 주변을 둘러싸고 있는 상황(circumstances)은 학생들에게 좋은 테마가 됩니다. 우리나라에서도 이제 지진이 꽤 자주 일어나고 있습니다. 한 지역에서 발생한 지진은 국민 모두를 놀라게 하기에 부족함이 없었습니다. 그 지역에서 테마를 잡아야 한다면 지진과 관련된 테마가 될 수 있습니다. 학생들은 자기 주변에서 직접 겪는 일이기 때문에 관심을 가지고 몰입해서 활동할 수 있습니다.

만약 학생들의 거주지 주변에 공장이 들어서고 그로 인해 공기가 급속히 나빠졌다면 공기의 질, 혹은 환경 오염은 학생들에게 좋은 주제가 됩니다. 학교 내에서 반별 배구 대회나 농구 대회를 한다면, 그 또한 좋은 테마가 됩니다.

몇 년 전에 한 교사에게 장학 지도를 한 적이 있습니다.

그 달의 테마는 '지구'였습니다. 교실에는 지구본이 배치되었고, 교사는 열심히 지구에 대한 정보들을 (고액이 들지만) 대형으로 프린트하여 교실을 장식하였습니다.

목성, 토성, 화성, 지구… 단어들이 교실에 배치되었습니다. 유성에 대해서도 적혀 있었습니다. 처음에 학생들은 태양계를 외웠습니다. 그 후…

활동은 멈췄습니다. 교사도 멈춰 있었습니다.

또 한 명의 교사에게 장학 지도를 하였습니다.

그 교실의 테마는 '거꾸로'였습니다. 장학 지도를 하던 사람들도 '거꾸로? 그게 테마가 될까?'라고 하며 염려하였습니다. '거꾸로'라는 단어로 이야기를 시작하면서 교사는 일어서더니 다리 사이로 얼굴을 넣고 "얘들아, 너희들이 거꾸로 보여."라고 하였습니다. 학생들은 한바탕 웃었고, 서로 일어나서 거꾸로 보인다고 하였습니다. 그러다가 숟가락으로 얼굴을 보면 거꾸로 보인다는 이야기도 나오고, 또 그러다가 '백 투 더 퓨처'라는 영화 이야기도 나왔습니다. 그리고 그것이 활기찬 시작이 되었습니다.

첫 번째 경우에는 멈추었고, 두 번째 경우에는 시작이 되었습니다. 첫 번째 경우는 주변 상황이 아니었기 때문입니다. 학생들이 접할 수 있는 것은 책이고 인터넷이며, 주변에서 상황(circumstances), 즉 학생들을 둘러싼 것으로 잡을 수 있는 테마는 거의 없는 실정이기 때문입니다. 주변 상황과 관련된 테마가 잡히면 자연스럽게 여러 가지 프로젝트가 발생할 수 있어 수업 진행이 용이해집니다.

이와 같은 원칙 내에서 테마를 예로 들면 다음과 같습니다.

◆ 환경	◆ 장애	◆ 도시	◆ 이동 / 운송
◆ 리조트	◆ 집	◆ 패션	◆ 로봇
◆ 광고	◆ 방송	◆ 장사 / 운영	

단지 사례일 뿐이지만 프로젝트 수업을 하고 디자인 싱킹과 창의 공학을 하기 위해서는 테마를 듣고 적어도 '아하~ 그래.' 정도는 할 수 있어야 합니다.

대단원 마무리

❶ 개별 학습, 개별적 차이를 존중하고 개별적으로 접근하는 학습입니다. 듣기에는 아름다운 말이지만 교사들이나 교육 현장을 운영하는 사람들 중에는 '그렇다고 어떻게 학교라는 곳에서 개별 학습이 가능해?', '그건 한국의 현실을 몰라서 그러는 거지. 다른 나라는 기껏해야 한 교실에 15명 정도 아닌가?'라고 생각하는 사람들이 많습니다. 20여 년 전, 교실에서 프로젝트 수업을 하자고 할 때 대부분의 교사들은 한 교실에 30명만 되면 하겠다고 했었습니다.

지금 교실의 상황은 어떠할까요? 이전에 못하던 것은 지금도 못하고, 지금 못 하는 것은 이후에도 못한다고 봅니다.

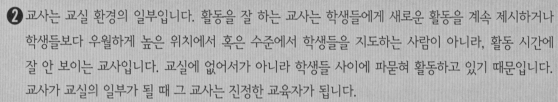

❷ 교사는 교실 환경의 일부입니다. 활동을 잘 하는 교사는 학생들에게 새로운 활동을 계속 제시하거나 학생들보다 우월하게 높은 위치에서 혹은 수준에서 학생들을 지도하는 사람이 아니라, 활동 시간에 잘 안 보이는 교사입니다. 교실에 없어서가 아니라 학생들 사이에 파묻혀 활동하고 있기 때문입니다. 교사가 교실의 일부가 될 때 그 교사는 진정한 교육자가 됩니다.

그러려면 교사는 교실에 무척 익숙해야 합니다. 교실에 익숙하다고 하는 것은 무슨 말일까요? 모든 교사는 교실에 익숙한 것 아닌가요? 자기 교실인데?

교사는 교실 안의 모든 범주를 알고 있어야 합니다. 교사는 교실 안에서 발생할 수 있는 모든 범주(Scope)를 알고 있어야 합니다. 그래야 어느 상황에서든 적절한 반응과 태도, 그리고 상호 작용을 할 수 있습니다.

❸ 테마는 1. 사전 경험, 2. 관심사, 그리고 3. 주변 상황으로 잡을 때 보다 용이합니다.

사전 경험이란 실제로 체험한 것일 수도 있고, 들어 본 적이 있는 것도 포함되며, 생각해 본 적이 있는 것도 포함됩니다.

관심사는 기본적인 의식주는 물론 자신들이 지금 현재 가장 관심 있어 하는 것입니다.

주변 상황의 경우 학생들이 쉽게 경험을 반복할 수 있는 것으로 하면 좋습니다.

7

창의 공학의 실제

트레뷰챗(Trebuchet)

성을 함락시켜라!
전쟁에서 비롯된 물리의 시작

🗨 농사를 짓고 살던 인류

농사를 짓기 위해 모여서 부족을 만들게 되었을 것입니다. 부족이 모여 농사를 짓다 보면 자연스럽게 토지가 넓어지고, 그러다 보면 옆 부족과 토지 때문에 싸우게 되는 일도 늘어났겠지요? 다시 말해 부족이 발전할수록 필연적으로 주변 유목 민족의 약탈 대상이 되었을 것이고 싸움도 벌어졌을 것입니다.

이때부터 고대 촌락이나 도시에는 가장 기본적인 방어벽인 목책과 성벽들이 등장하기 시작하였습니다. 축성의 시작이지요. 그러니 그 축성을 무너뜨리는 공성전(攻城戰)의 중요성이 강조되었습니다.

공성전에서 가장 효과적으로 사용되었던 무기에는 공성 망치, 공성 탑, 투석기 등이 있습니다. 이번에 만들어 볼 트레뷰챗(Trebuchet)은 돌을 던져 성벽 자체를 부수는 데 이용되었습니다.

기술적으로 주의해야 할 점들이 있습니다.

1) 무게를 이용한 상하 운동을 어떻게 회전 운동으로 전환하느냐, 그것이 중요합니다.
따라서 추와 관련된 여러 가지 고민이 있어야 하겠지요? 이 부분이 잘 되어야 멀리 나갈 수 있습니다.

2) 끈에 달린 공이 최고점에서 이탈될 수 있도록 만드는 것이 중요합니다.
무슨 말이냐 하면, 공이 최고점에 도달하기 전에 빠져나오면 바로 앞에 떨어지거나 멀리 못 가는 문제가 생깁니다.

3) 무게가 실린 추와 회전 운동 막대 사이의 상호 작용을 고려하여 힘의 초점을 만드는 것이 필요합니다.

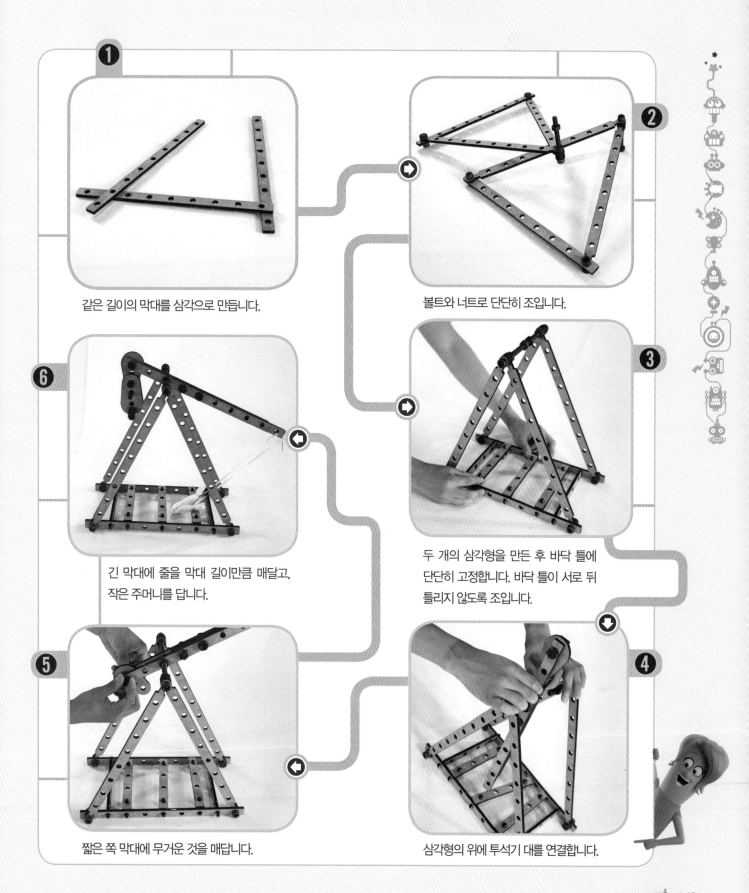

① 같은 길이의 막대를 삼각으로 만듭니다.

② 볼트와 너트로 단단히 조입니다.

③ 두 개의 삼각형을 만든 후 바닥 틀에 단단히 고정합니다. 바닥 틀이 서로 뒤 틀리지 않도록 조입니다.

④ 삼각형의 위에 투석기 대를 연결합니다.

⑤ 짧은 쪽 막대에 무거운 것을 매답니다.

⑥ 긴 막대에 줄을 막대 길이만큼 매달고, 작은 주머니를 답니다.

유압 크레인(Hydraulic Crane)

쉽게 들어 올려 원하는 곳에 놓는다!

역사적으로 유명한 성이나 피라미드를 보면서 "와~ 어떻게 저기에 큰 돌을 올렸을까?"하고 궁금해 했었지요. 지렛대의 원리처럼 아주 단순한 원리로부터 찾아보면 약 5,000년 전 고대 이집트에서 피라미드를 만들 당시에 중량물(무거운 물건) 운반용으로 사용되었던 것에서부터 출발합니다. 처음에는 사람의 힘이나 가축의 힘을 이용하다가 이후에는 수력이 이용되었으며, 19세기 중엽부터는 증기 기관의 발달과 더불어 증기를 활용한 힘이 이용되어 지금과 같은 이동식 크레인(mobile crane)이 나타나게 되었지요.

우리나라의 크레인 개발 역사를 보면 조선시대까지 올라갑니다. 우리나라 최초의 크레인이라면 거중기(擧重機)를 배놓을 수 없지요. 1792년(정조 16년)에 정조가 정약용에게 축성법을 정리하여 보고하도록 지시하는데 이 때 처음 거중기가 등장합니다.

기술적으로 주의해야 할 점들이 있습니다.

1) 주사기를 통해 미는 힘과 잡아당기는 힘을 활용합니다. 주사기 안에 있는 힘이 서로 잘 전달되도록, 그 힘을 잘 활용해야 합니다. 고무파이프를 주사기에 단단하게 연결하여 빠지지 않게 하고 양쪽을 모두 피스톤을 뺀 채 연결하면, 추후에 활동을 할 때 제대로 되지 않을 수 있기 때문에 이 부분에 신경을 써야 합니다.

2) 주사기의 움직임에 따른 운동 범위를 고려한 설계가 되도록 신경을 써야 합니다. 계속 테스트를 하면서, 운동 범위가 어디까지 나오는지 친구들과 이야기하며 설계하세요.

3) 물건을 집는 집게의 설계는 어떨까요? 물건을 잡는다는 것은 무엇일까요? 실제로 잡거나 또는 걸리도록 해야겠지요? 머릿속에 혹은 그림으로, 물건을 잡을 때의 모습을 생각하세요.

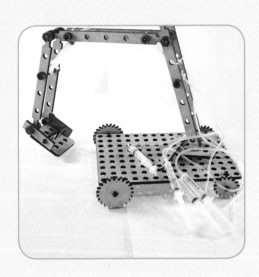

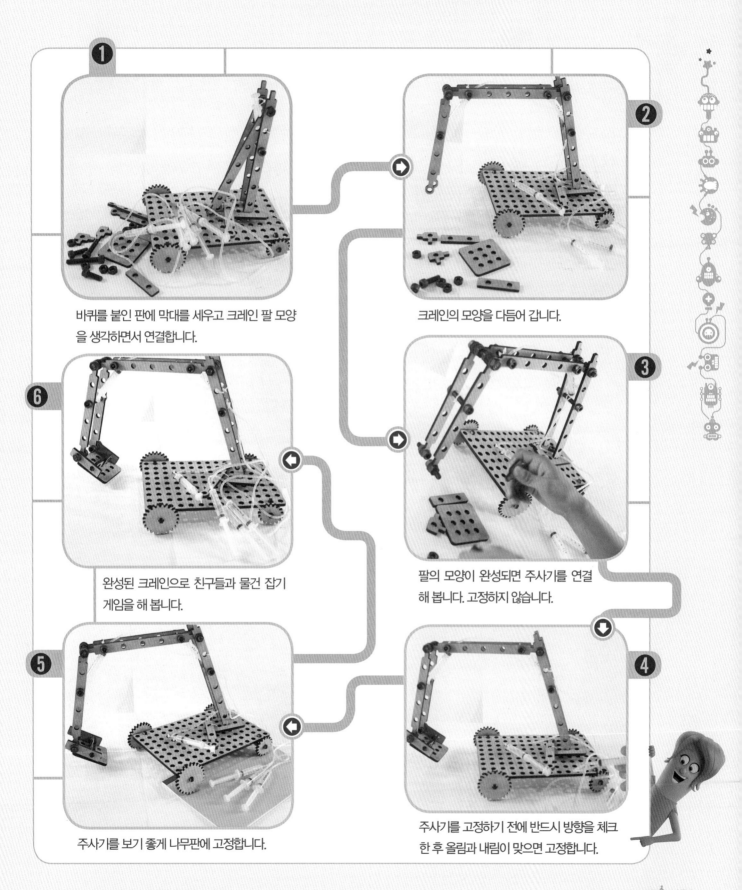

1 바퀴를 붙인 판에 막대를 세우고 크레인 팔 모양을 생각하면서 연결합니다.

2 크레인의 모양을 다듬어 갑니다.

6 완성된 크레인으로 친구들과 물건 잡기 게임을 해 봅니다.

3 팔의 모양이 완성되면 주사기를 연결해 봅니다. 고정하지 않습니다.

5 주사기를 보기 좋게 나무판에 고정합니다.

4 주사기를 고정하기 전에 반드시 방향을 체크한 후 올림과 내림이 맞으면 고정합니다.

트러스교(Truss Bridge)

무게를 견뎌라, 무너지지 않는 다리를 향한 열정!

　　1869년 5월 10일은 미국에서 대서양과 태평양을 잇는 대륙 횡단 철도가 개통되는 날이었습니다. 이 철도는 1900년대 초반까지 미국의 급속한 성장을 이끌었습니다. 모든 물류가 단시간에 어디든지 연결될 수 있었기 때문이지요. 여기에 재미있는 사실이 숨겨져 있습니다. 바로 다리입니다. 강과 강 사이 또는 협곡 사이를 잇는 다리가 있었기에 가능했다는 것입니다. 그리고 그 다리가 바로 트러스교입니다.

　　16세기 이탈리아의 팔라디오에 의해 처음으로 제안된 이 기술은 오늘날까지 사용되고 있으며, 우리나라에서는 1900년에 가설된 한강 철교가 최초의 트러스교입니다.

　　트러스교를 알려면 트러스 구조에 대한 이해가 필요합니다. 구조물의 뼈대를 이루는 직선형 부재(部材)를 연속된 삼각형 구조로 조립한 것이 트러스(Truss)입니다.

　　트러스란 삼각형을 기본으로 그물 모양으로 짜서 하중을 지탱하는 구조 방법입니다. 삼각형의 꼭짓점에서 힘이 분해되므로 많이 사용할수록 힘이 더 많이 분산되고 더 큰 하중을 견딜 수 있는 것입니다.

 기술적으로 주의해야 할 점들이 있습니다.

1) 상호 지지 구조를 활용한 설계입니다. 서로 힘이 균등해야 합니다. 삼각형을 이해한다면 그리 어려운 일은 아닙니다.

2) 받는 힘을 분산시키는 구조입니다. 이것을 충분히 이해하기 위해서 똑같은 크기의 빨대 조각 여러 개를 준비해 주세요.
그리고 다음과 같이 만들어 보세요. 그러면 이해가 쉽답니다.

3) 각 연결점의 안정적인 연결입니다. 다리란 튼튼한 것이어야 하지요. 아무리 트러스 구조로 만든다고 해도 연결 부분이 잘 되어 있지 않으면 추후 안전에 큰 문제가 생기겠지요?

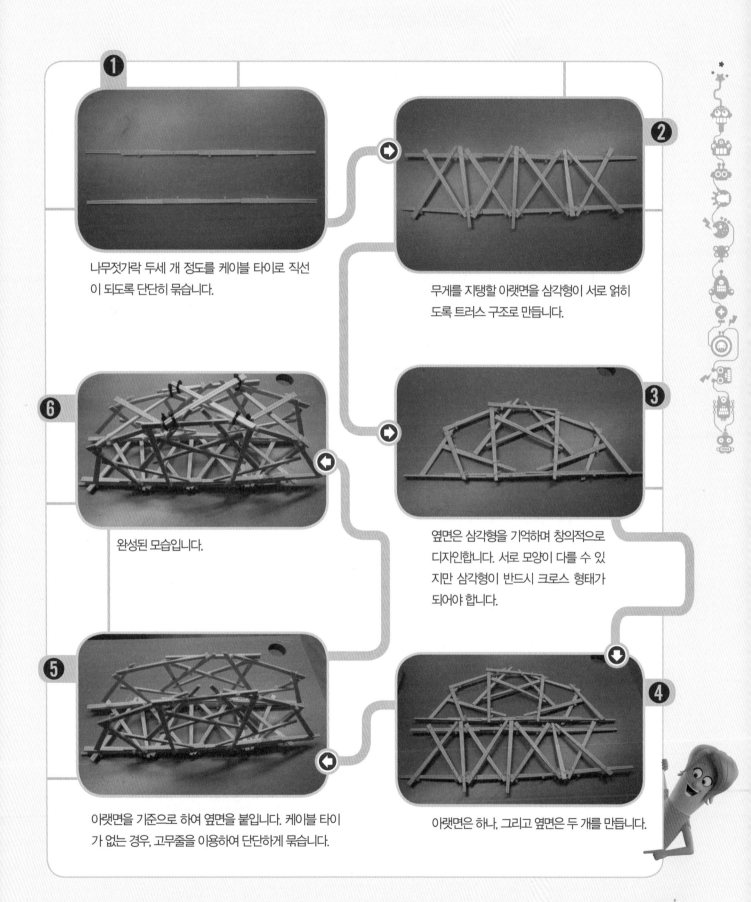

❶ 나무젓가락 두세 개 정도를 케이블 타이로 직선이 되도록 단단히 묶습니다.

❷ 무게를 지탱할 아랫면을 삼각형이 서로 얽히도록 트러스 구조로 만듭니다.

❸ 옆면은 삼각형을 기억하며 창의적으로 디자인합니다. 서로 모양이 다를 수 있지만 삼각형이 반드시 크로스 형태가 되어야 합니다.

❹ 아랫면은 하나, 그리고 옆면은 두 개를 만듭니다.

❺ 아랫면을 기준으로 하여 옆면을 붙입니다. 케이블 타이가 없는 경우, 고무줄을 이용하여 단단하게 묶습니다.

❻ 완성된 모습입니다.

오토마타(Automata)

하나하나 움직이지 않고
자동으로 움직이는 것을 찾고 있어요.

🗨 기계와 예술의 만남

오토마타를 본 적이 있나요?

없다면 유튜브에서 'automata doll' 등의 키워드로 검색해 보세요.

오토마타는 '스스로 작동하다.'라는 뜻의 고대 라틴어에 어원을 두고 있습니다. 자동 기계 장치를 의미하는 오토마톤(Automaton)의 복수형이기도 하고요. 이 단어에는 여러 가지 뜻이 있지만 기계 분야로 한정할 경우 오토마타는 '사람이 행하는 어떤 목적의 동작들을 스스로 작동할 수 있는 자동 기계'라는 말로 해석이 됩니다.

유럽에서는 17세기부터 오토마타의 붐이 일어났으니 역사는 오래된 것이지요. 더구나 오토마타 인형의 역사는 고대 그리스 시대까지 거슬러 올라갑니다.

기술적으로 주의해야 할 점들이 있습니다.

1) 오토마타를 위해 캠, 기어 등을 활용하는 것이 필요합니다. 부품의 명칭에 대해서도 우선 익숙해지는 것이 필요합니다. '캠과 기어의 모양을 어떻게 할 것인가?'는 오토마타의 움직임을 결정하는 부분입니다.

2) 움직임의 순서와 이야기의 구성입니다. '공학(engineering)에 무슨 이야기?'라고 의아해 할 수도 있지만, 오토마타가 역사적으로 꾸준히 이어져 오고 있는 이유는 아마도 스토리 때문이 아닐까요?

그저 움직이는 새의 입 모양을 만들었다고 해도, 그 안에 스토리가 풍부하게 들어 있으면 역사에 남는 오토마타가 될 테니까요.

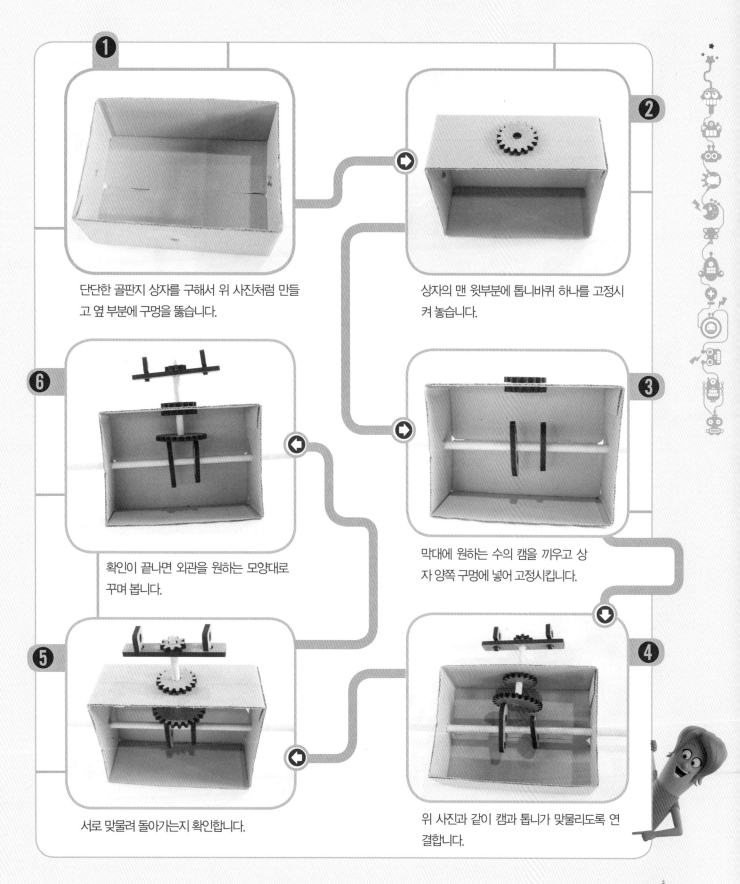

① 단단한 골판지 상자를 구해서 위 사진처럼 만들고 옆 부분에 구멍을 뚫습니다.

② 상자의 맨 윗부분에 톱니바퀴 하나를 고정시켜 놓습니다.

③ 막대에 원하는 수의 캠을 끼우고 상자 양쪽 구멍에 넣어 고정시킵니다.

④ 위 사진과 같이 캠과 톱니가 맞물리도록 연결합니다.

⑤ 서로 맞물려 돌아가는지 확인합니다.

⑥ 확인이 끝나면 외관을 원하는 모양대로 꾸며 봅니다.

창의 공학 활동 5

프로펠러 자동차(Propeller Car)
하늘을 날고자 하는 인류의 소망

 날아다니는 자동차, 모두의 꿈에 한번쯤 등장하지 않았을까요?
물론, 요즘은 개인이 그저 날아가는 것을 꿈꾸지만요.

2015년 5월, 미국 워싱턴 포스트(WP)는 1900년에 파리 세계 박람회장에서 '100년 후 세계는'이라는 주제로 전시된 작품들을 공개했습니다. 장마크 꼬테 등 당대의 유명 화가들이 참여한 많은 작품들 중에 가장 눈에 띄는 것은 '탈것'에 대한 그림들이었습니다. 그림 속의 사람들은 탈것을 활용하여 하늘을 자유로이 날고 있었습니다. 동서고금을 막론하고 하늘을 나는 꿈은 모두의 소망인 것이지요. 이것은 신화 속 밀랍 날개를 만든 이카루스로부터 이어진다고 할 수 있습니다.

그러나 사실은 작품을 그렸을 뿐 당시에는 날아다니는 자동차를 어떤 기술로 날게 할 것인지 아무도 설명할 수 없었습니다. 시대가 흐르면서 많은 사람들이 '어떻게 하면 날 수 있을까?'하고 고민을 거듭했지요.

 기술적으로 주의해야 할 점들이 있습니다.

1) 프로펠러를 이용한 동력 생성입니다. 프로펠러는 동력을 만드는 대표적인 것이니 프로펠러와 연결된 부분들을 신경 써서 만들어야 합니다.

2) 자동차와 프로펠러 힘과의 관계입니다. 바다에 프로펠러 배를 띄웠다고 상상해 보세요. 바람이 불자 프로펠러가 돌아가는데, 정작 배는 움직이지 않는다면 어떨까요? 당황스럽겠지요? 프로펠러는 동력임을 위에서 말했습니다. 프로펠러가 어느 정도의 힘으로 움직여야 자동차가 각자 원하는 만큼 움직일지 생각하면서 만들어 보세요.

3) 마찰력과 공기 저항을 최소화하는 자동차 구조입니다. 프로펠러가 동력으로 사용되지 않더라도 이것은 자동차와 관련된 기본적 싱킹입니다.

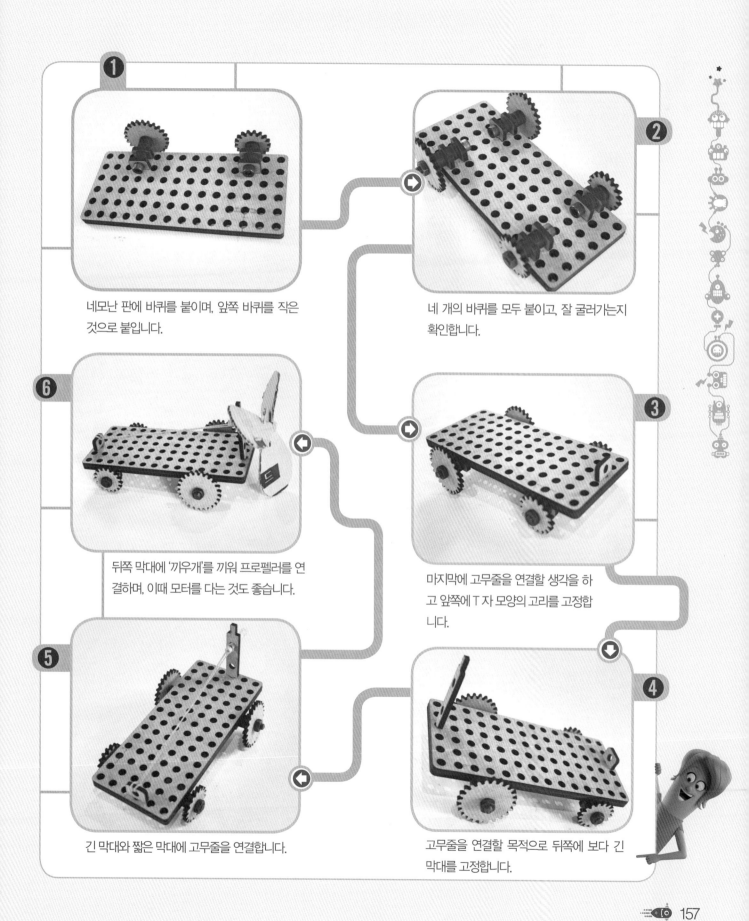

① 네모난 판에 바퀴를 붙이며, 앞쪽 바퀴를 작은 것으로 붙입니다.

② 네 개의 바퀴를 모두 붙이고, 잘 굴러가는지 확인합니다.

⑥ 뒤쪽 막대에 '끼우개'를 끼워 프로펠러를 연결하며, 이때 모터를 다는 것도 좋습니다.

③ 마지막에 고무줄을 연결할 생각을 하고 앞쪽에 T 자 모양의 고리를 고정합니다.

⑤ 긴 막대와 짧은 막대에 고무줄을 연결합니다.

④ 고무줄을 연결할 목적으로 뒤쪽에 보다 긴 막대를 고정합니다.

무한궤도 트럭(Caterpillar Truck)

정글에서도, 사막에서도 안전하게 달리고 싶어요.

어디에서든 들어 옮기고 쏟아붓는다.

바퀴의 발명은 이동과 운송의 혁명을 가져왔지만 바퀴가 있다고 해서 모든 곳에 갈 수 있는 것은 아닙니다. 바퀴를 사용하여 원활하게 이동하기 위해서는 필연적으로 도로가 있어야 했지요. 그래서 예로부터 강대국들은 영토를 넓힐 때마다 도로 건설에 대한 스트레스를 많이 받았다고 합니다.

당연히 그랬겠지요? 지금이야 콘크리트나 아스팔트로 포장하면 되지만 예전에는 돌로 길을 만들어야 했기 때문이지요.

이동 속도가 빨라지고 그 거리도 길어지면서 사람들은 자연스럽게 '길이 아닌 길'을 가는 것에 관심을 두게 되었습니다. 오지 탐사 같은 것이지요. 오지 탐사나 진흙 길에는 애로 사항이 많았습니다. 이러한 상황에서 캐터필러, 즉 무한궤도가 등장하게 되었고, 이는 곧 전 세계의 야지(野地) 및 오지(奧地)에서의 이동이나 전쟁 시의 이동 등에 활용되기 시작했지요.

여기서 설명할 '무한궤도'를 뜻하는 영어인 '캐터필러(caterpillar)'는 무한궤도 바퀴를 개발하고 상용화한 회사의 이름을 딴 것입니다.

기술적으로 주의해야 할 점들이 있습니다.

1) 무한궤도의 동작 원리가 포인트지요. 서로 연결되는 부위에 신경을 써야 합니다. 굴러가기 시작할 때 힘을 받아야 하니까요.

2) 무한궤도의 내구 바퀴의 구성입니다. 양쪽 끝에 있는 바퀴의 크기가 커서 안정성을 더하게 되지요.

3) 무한궤도를 이용한 안정적 주행입니다. 위에서도 언급했지만 길이 아닌 곳에서 다니려면 충격을 완화하는 것도 필요하고, 깨지지 않는 안정성도 중요합니다.

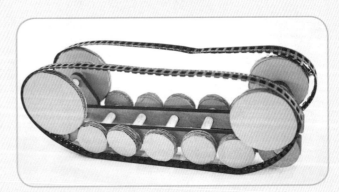

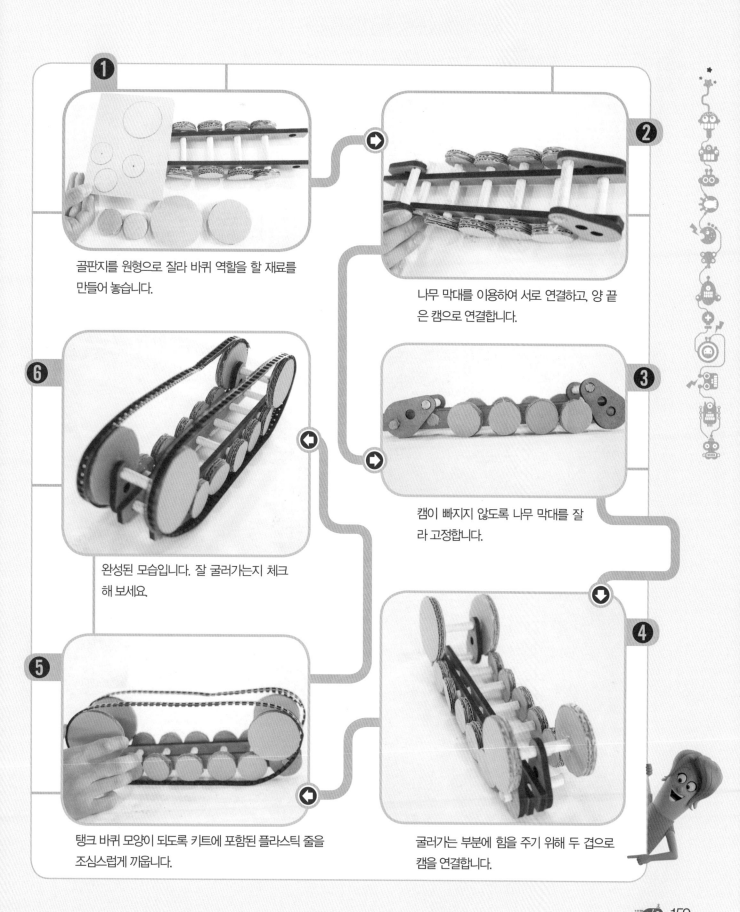

1 골판지를 원형으로 잘라 바퀴 역할을 할 재료를 만들어 놓습니다.

2 나무 막대를 이용하여 서로 연결하고, 양 끝은 캠으로 연결합니다.

3 캠이 빠지지 않도록 나무 막대를 잘라 고정합니다.

4 굴러가는 부분에 힘을 주기 위해 두 겹으로 캠을 연결합니다.

5 탱크 바퀴 모양이 되도록 키트에 포함된 플라스틱 줄을 조심스럽게 끼웁니다.

6 완성된 모습입니다. 잘 굴러가는지 체크해 보세요.

기계손(Machine Hands)

내 손에 힘을 더한다!

💬 기계손이 있었다면 후크 선장이 과연 피터 팬에게 졌을까요?

로봇 영화가 등장하면서 사람들에게 불멸의 힘에 대한 염원이 생겼는지도 모릅니다. 로봇 속에 들어가서 움직이고 내 움직임을 그대로 재현해 주는 것들을 보면서, 왠지 내 힘도 세어지는 것 같은 착각을 가지게도 되었었지요.

흥미로운 것은 로봇이나 기계의 발달이 신체의 일정 부분에 장애를 가진 사람들에게는 매우 유용하다는 것입니다. 예전에는 다리가 불편하면 목발을 짚었어야 했고 불편한 걸음을 걸을 수밖에 없었지만, 기계와 로봇의 발달로 이제는 불편함 없이 걸을 수도 있게 되었지요.

손도 마찬가지입니다. 사람의 손 모양 그대로 만든 기계손들이 장애를 가진 분들에게 불편함 없는 손의 움직임을 선물하고 있고, 최근에는 그 안에 신경 선까지 같이 넣어서 실제로 뇌의 지시를 받도록 하는 수준에 이르고 있지요.

기술적으로 주의해야 할 점들이 있습니다.

1) 마디를 만들 때 실제 자신의 손을 보며 유사하게 만들어야 합니다. 손의 마디는 굽히는 것과 관련된 중요한 부분이지요. 완전히 접힐 수 있도록 하는 것이 중요한데, 카드 보드지(골판지)의 경우 자로 꾹꾹 눌러 주면 됩니다.

2) 손등 부분에 힘을 받을 수 있도록 받침대를 덧붙여 주세요. 손과 연결된 기계손이 힘을 받기 위해서는 여러분들의 팔과 강하게 연결되어 있어야 합니다. 그러기 위해서 손등 부분에 받침대를 잘 덧붙여 주세요.

❶

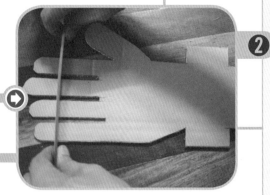

카드 보드지에 사람의 손과 팔목의 모양을
실물과 비슷한 크기로 그립니다.

❷

손과 팔목의 모양대로 자른 후, 손마디 부분
을 자로 꾹꾹 눌러 줍니다.

❻

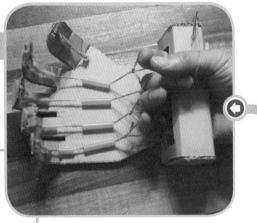

각각의 빨대 구멍에 끈을 통과시키고 끝매듭을 지어
사진과 같이 본인의 손가락에 끼우면 완성됩니다.

❸

손목 부분에 지지대를 붙이고, 가운
데에 구멍을 뚫어 본인의 손이 통과
할 수 있게 합니다.

❺

손가락 마디마디와 손목 부분을 연결할 수 있도록 빨대
를 배치하고, 글루건 또는 테이프로 고정시킵니다.

❹

크기와 모양이 똑같은 빨대를 준비합니다.

그 자유로운 움직임을 내가 조종한다.

로봇이라는 말은 '일하다.'라는 뜻을 가진 체코어 로보타(robota)에서 유래된 말입니다.

'힘든 일을 대신 해 줄 수 있는 것이 없을까?', '일을 조금 더 빠르고 정교하게 할 수는 없을까?'와 같은 인간의 끝없는 상상 속에서 태어난 것이 로봇이지요.

사람들은 로봇에 대해 꿈만 꾼 것이 아니라 실제로 만들기도 했습니다. 프랑스의 발명가가 만든 '기계 오리', 우리나라의 과학자 장영실이 만든 물시계 '자격루' 등이 있고, 최근 만들어진 인간의 모습을 닮은 지능형 로봇 휴머노이드 '휴보'도 있지요.

사람들마다 로봇에 대한 생각은 다르지만 꼭 한 가지 갖추어야 할 조건이 있습니다. 바로 자동 장치로 움직여야 한다는 것입니다. TV를 보면 로봇들이 서로 대결하는 프로그램이 있는데 사실 이것들은 로봇이라고 볼 수 없습니다. 사람들이 원격 조종기를 이용해서 제어하는 것을 로봇이라고 할 수 없기 때문이지요.

반면에 사람처럼 생기지는 않았지만 스스로 방향을 바꿔 가며 자동으로 청소하는 청소 로봇은 로봇이라고 할 수 있습니다.

기술적으로 주의해야 할 점들이 있습니다.

1) 무엇을 움직이려고 하는지 명확히 해야 합니다. 아래 작품은 다리가 움직이는 로봇입니다. 그렇지만 손과 팔을 만들어서 달게 되면, 손과 팔이 움직이겠지요? 무엇을 움직이게 하려고 하는지가 명확해야 합니다.

2) 무게의 균형이 맞아야 합니다. 모터와 도르래, 건전지의 무게 균형이 맞지 않으면 로봇은 절뚝이며 넘어지게 됩니다. 고정시키기 전에 무게가 한쪽으로 쏠리지 않았는지 확인해 주세요.

①

카드 보드지를 이용하여 위에 제시된 모양대로
자릅니다.

②

긴 조각과 도르래를 조심스럽게 연결하고,
모터도 연결합니다.

⑥

머리, 눈 등을 붙여 모양을 내면 간단하
게 만든 로봇이 됩니다.

③

모터를 연결하였습니다. 스위치를 연
결하기 전의 모습입니다.

⑤

다리 모양의 카드 보드지를 접어 측면 막대에 연결하고
다시 스위치를 켜서 움직임이 적절한지 확인합니다.

④

스위치를 연결한 후 잘 움직이는지, 다른 문
제점은 없는지 확인합니다.

텐세그리티(Tensegrity)

밀고 당기기가 이루어 낸 새로운 건축 바람

전통적인 건물의 역할은 사람이나 동물이 안정감을 가지게 하고 물건을 안전하게 보관하는 것이었습니다. 그러다가 공간의 예술과 만나면서 아름다움을 강조하는 새로운 양식들이 쏟아지게 되었지요. 하지만 이러한 건축물들은 규모가 커질수록 건물의 안정화에 문제가 발생하여 계속적으로 더 크고 단단한 재료가 지면과 닿아 있어야 했고, 이는 건축의 한계로 여겨졌습니다.

1962년, 버크민스터 풀러와 그의 제자 스넬슨은 처음으로 텐세그리티 구조를 미국 특허로 등록하고 이와 같은 발상을 깨기 시작합니다. 텐세그리티(Tensegrity)는 인장(Tension)과 구조적 안정(Structure Integrity)의 합성어로 긴장 상태의 안정 구조를 말합니다. 즉, 주축을 이루는 막대 구조체와 이 구조체에 달린 줄을 이루는 케이블들이 서로 밀고 당기며 힘이 분산되어 구조체를 안정하게 유지시켜 주는 구조입니다.

막대 구조체는 누르는 힘인 압축력을 받고 케이블 줄은 당기는 힘인 인장력을 받게 되는데, 이 두 힘이 한쪽으로 기울지 않고 평형을 이루게 되어 안정적으로 서 있는 모습에서 우리는 건축에서 이루어 낸 밀당의 힘을 느낄 수 있습니다. 더욱이, 구조를 보면 속이 꽉 찬 대부분의 구조에 비해 공간을 이루거나 채우는 부재(部材) 수가 적음을 알 수 있는데, 안이 비어 있으니 무게도 적게 나가고 추가로 케이블 줄을 활용한 탄성을 가지고 있어 지진이나 진동에 잘 대응할 수 있는 구조입니다. 떠 있는 듯한 아름다움을 가진 것은 덤이지요.

다만 막대 구조체나 케이블 중 하나라도 이상이 있을 경우 한꺼번에 무너질 수 있다는 불안감과 부재가 공중에 떠 있다는 점은 시공상의 어려움을 주고 있습니다.

 기술적으로 주의해야 할 점들이 있습니다.

1) 힘의 균형을 맞추어 연결해야 합니다. 탄성을 이용해서 구조물을 만드는 것이므로 힘의 균형에 신경을 써야 합니다. 서로 연결할 때 친구의 도움이나 내 신체 일부(예 발가락)의 도움을 받아 균형을 맞추어 연결하세요.

2) 기초적인 다각형을 만들 때 양쪽이 유사해야 합니다. 기초적인 다각형을 만들고 나면, 그 다음에는 서로 연결만 잘 하면 됩니다. 처음에 기초적인 다각형을 만들 때 양쪽이 유사하도록 신경을 쓰고, 연결해 주세요.

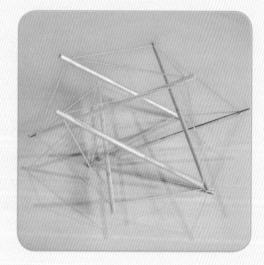

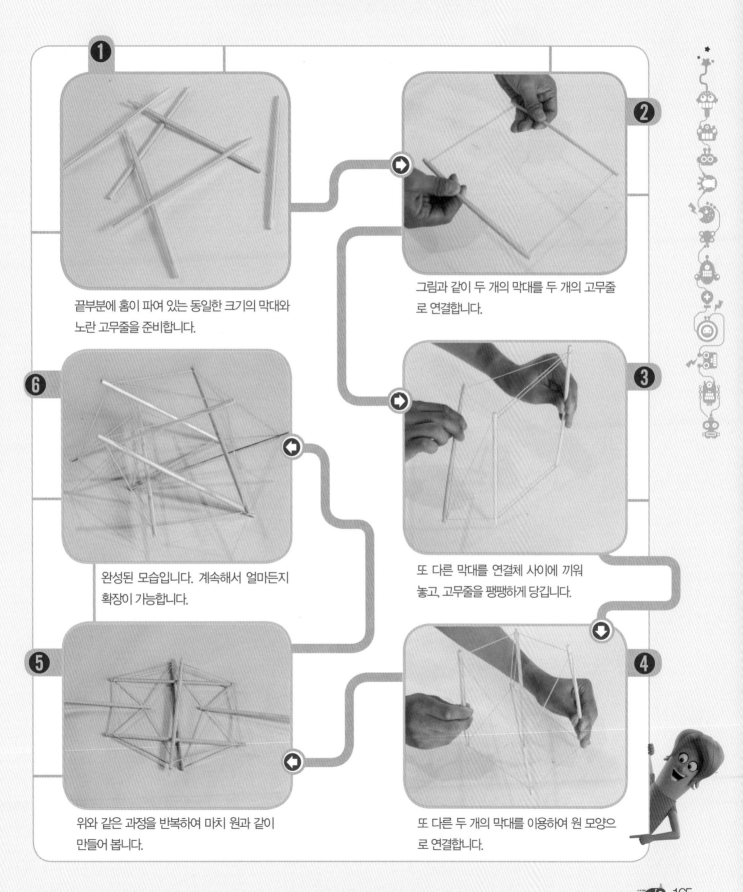

① 끝부분에 홈이 파여 있는 동일한 크기의 막대와
노란 고무줄을 준비합니다.

② 그림과 같이 두 개의 막대를 두 개의 고무줄
로 연결합니다.

③ 또 다른 막대를 연결체 사이에 끼워
놓고 고무줄을 팽팽하게 당깁니다.

④ 또 다른 두 개의 막대를 이용하여 원 모양으
로 연결합니다.

⑤ 위와 같은 과정을 반복하여 마치 원과 같이
만들어 봅니다.

⑥ 완성된 모습입니다. 계속해서 얼마든지
확장이 가능합니다.

상호 지지 구조(Reciprocal Frame)

서로 기대어 한 세상 살아 보자!

어딘가 들어갈 수 있는 곳을 좋아했던 것 같습니다. 어릴 적 놀이를 할 때면 식탁 밑도 좋고, 침대 밑도 좋고, 장롱 속도 좋았던 것 같습니다. 인간에게는 어쩌면 다소 폐쇄적인 공간이 좋은지도 모르겠습니다. 그러면서도 열려 있어서 하늘이 보여야 하고 친구가 보여야 하지요. 아마도 놀이터의 정글짐은 그런 곳이었을 것입니다. 이와 유사하게 우리는 돔(Dome)을 이해할 수 있습니다.

돔은 그저 동그란 구조물이 아닙니다. 서로 의지하며 얽혀 있는 조각들이 힘을 나누어 가져서 지탱하는 것이지요. 이런 것을 상호 지지 구조(Reciprocal Frame)라고 합니다. 상호 지지 구조는 재료들이 서로 엮이고 지지하면서 만들어지는 구조로서 전 세계의 교육 현장에서 많이 다루어지고 있는 주제입니다.

종이 관이나 대나무, 각재, 발대, 연필 등 크고 작은 다양한 부재를 연령에 맞추어 사용할 수 있습니다. 나무 젓가락도 가능합니다.

기술적으로 주의해야 할 점들이 있습니다.

1) 연결할 때, 서로가 서로의 받침이 된다는 생각으로 연결하세요. 삼각형을 중심으로 육각형과 삼각형이 교차하면서 배열된 점에 주의해서 연결합니다. 그리고 그 육각형을 중심으로 다시 삼각형이 배열됩니다.

2) 머릿속에 돔 구조를 떠올리면서 작업합니다. 돔을 생각해 보세요. 사람들은 대부분 상호 지지 구조를 다리로 연습하지만, 오히려 돔이 여러분들의 수학적 사고를 도울 것입니다. 하나의 규칙을 몸으로 익히면 그 다음부터는 쉽답니다.

1

먼저 아이스크림 막대로 오각형을 만듭니다. 이때 막대를 그림처럼 배치합니다.

2

오각형의 모든 면에 두 번째 막대를 그림처럼 얹어 놓습니다.

3

다섯 개의 접촉면에 세 번째 막대를 얹어 작은 네모 다섯 개를 만듭니다.

4

작은 네모 다섯 개를 만들면서 구조물이 살며시 솟는지 확인합니다.

5

작은 네모 다섯 개가 완성되었는지 확인하고, 뻗어 있는 세 번째 막대로 삼각형을 만듭니다.

6

완성된 모습입니다.

여기는 BRAINERY 입니다.

빵은 **베이커리(bakery)**에서,
와인은 **와이너리(winery)**에서 만들어집니다.
그리고 인재(brain)는
브레이너리(BRAINERY)에서 키워집니다.

바야흐로 4차 산업 혁명의 시대입니다. 사람들은 그저 로봇의 시대가 왔고, 인공 지능으로 인해 사람들의 일자리가 점차 사라져 간다고만 합니다. 그럴까요? 오히려 인간만이 할 수 있는 영역을 선택하고, 이에 집중할 수 있는 시대가 되었다고 보는 것이 더 정확합니다. 그래서 인간만이 가진 능력, 바로 **메이킹(making)과 크리에이팅 (creating)**에 집중합니다. 암기로 축적한 지식이나 정해진 방법을 통한 문제 해결은 더 이상 유용하지 않으니까요.

브레이너리는 모든 개인이 인재(人才)임을 인정합니다. 연령이나 성적에 상관없이 모든 개인은 인재입니다. 누구나 자신만의 재능과 잠재력을 가지고 있습니다. 브레이너리는 이 점에 착안하여 미래를 바라봅니다. **교육과 학습을 새로운 관점에서 디자인합니다.** 경험과 도전이 가장 소중한 학습이며, 문제 해결 능력이 미래를 살아갈 가장 중요한 역량이라고 생각합니다.

브레이너리는 첫째, 많은 학생들에게 멋진 내용을 전달하기보다는 학생 한 사람 한 사람에게 집중하고, 그들의 이야기를 먼저 듣고, 그 호기심과 생각하는 바를 밖으로 표현하도록 돕고자 합니다. 모든 사람들은 자신만의 재능을 가지고 있기 때문이지요.

둘째, 학년이라는 기준으로 모든 과목, 모든 영역의 수준을 맞추기보다는 학생 개개인의 능력에 따라 각 과목별, 각 영역별로 수준에 맞는 프로젝트를 진행합니다. 학생들을 만나기 전에 계획하거나 준비한 교육 내용이라 하더라도, 학생들을 만나 활동하면서 학생의 수준에 맞도록 프로젝트를 조정하고 개별화합니다.

셋째, 가르치는 성인들도 함께 연구할 수 있고 함께 배울 수 있는 문제를 제시합니다. 미래 지향적 문제 해결을 함께 경험합

니다. 정해져 있는 정답을 원하지 않고, 문제가 항상 변하듯 해결 방안도 항상 창의적이고 새로워야 한다고 생각하기 때문입니다.

브레이너리는 불확실성을 두려워하지 않으며, 나아가 학생들에게도 불확실성을 두려워하지 않도록 지도합니다. 불확실성은 불안과 두려움의 대상이 아니라, 넘어서고 싶은 산이고 점령하고 싶은 땅이어야 하기 때문입니다. 또한, 학생들이 늘 새로운 도전과 변화를 긍정적으로 받아들이고, 불확실한 미래를 헤치고 나갈 수 있는 역량을 키우도록 돕습니다. 그래서 브레이너리는 학생들 앞에 겸손하고자 합니다. 학생들의 말 한 마디 한 마디를 놓치지 않으려고 합니다. 입보다는 귀를 많이 사용하려고 합니다.

브레이너리는 학생들과의 활동을 즐겨 합니다. 창의 교육 프로그램 및 매뉴얼 개발, 도서 출판, 창의 교육 활동 키트의 개발 및 제작, 교사 교육 프로그램 개발 및 운영, 그리고 창의 융합 센터 위탁 운영 등의 활동을 하고 있습니다. 브레이너리는 학생들을 대상으로 다양한 검사와 평가를 개발하여 시행하고 있습니다. 특정한 기준에 맞는지, 맞지 않는지를 알기 위해서가 아니라 각 학생들이 가진 개별적 강점을 알고 싶고, 알려 주고 싶기 때문입니다.

"학생들에게 미래는 희망이고, 기대이고, 신나게 놀 마당입니다."

찾아보기

지은이 소개

정종욱 고려대학교 경영학과(학사, 석사, 박사)
이러닝 전문 기업인
(전) 디유넷 대표이사, 이러닝산업협회 부회장, 뉴질랜드 GECKO Solution CIO
고려사이버대학교 경영학부 교수 및 융합정보대학원장
(현) 브레이너리 대표, 교육부 첨단미래학교 자문위원 및 경기도교육연수원 미래교육 강사

민성혜 연세대학교 사회학과(학사), 연세대학교 사회복지학과(석사),
이화여자대학교 교육대학원 유아교육전공(석사), 연세대학교 아동가족학과(박사)
(전) 숲속유치원 부원장, 남서울대학교 아동복지학과 조교수, 고려사이버대학교 아동학과 부교수,
연아아동가족상담소장, 소명프로젝트교사연구소장
(현) 브레이너리 부대표

양해인 (전) TLBU GLOBAL SCHOOL (PBL 담당교사)
메가스터디 초중등학습 컨설턴트
(현) 브레이너리 선임연구원

프로젝트 학습을 위한
디자인 싱킹과 창의 공학 심화편

초판 인쇄 2017년 11월 5일
초판 발행 2017년 11월 10일

지은이 정종욱, 민성혜, 양해인
펴낸이 양진오
펴낸곳 ㈜교학사
디자인 비쥬얼로그
편 집 이영민, 차재철, 김예나

등 록 제18-7호(1962년 6월 26일)
주 소 서울특별시 금천구 가산디지털1로 42(공장)
서울특별시 마포구 마포대로 14길 4(사무소)

전 화 편집부 (02)707-5238, 영업부 (02)707-5150
팩 스 (02)707-5250
홈페이지 www.kyohak.co.kr